홀로 하는 공부라서 외롭지 않게 사람in이 동행합니다.
외국어, 내가 지금 제대로 하고 있는지, 정말 이대로만
하면 되는지 늘 의심이 듭니다. 의심이 든다는 건 외로운
거지요. 그런 외로운 독자들에게 힘이 되는 책을 내고
있습니다. 외국어가 나의 언어가 되는 그때까지, 이해의
언어와 훈련의 언어로 각 단계별 임계점에 이르는
방법을 제시하여, 언어 학습의 시작점과 끝점을 확실히
제시하는 정직하고 분명한 책을 만듭니다.

혼동의 조동사를 설명합니다   우디 앨런이 would를 만났을 때

혼동의 조동사를 설명합니다

지은이 오석태
초판 1쇄 인쇄 2019년 6월 17일
초판 1쇄 발행 2019년 6월 28일

발행인 박효상 | 총괄이사 이종선 | 편집장 김현
기획·편집 김효정 | 편집 신은실, 김희정, 김설아
디자인 이연진 | 본문·표지 디자인·조판 신덕호
마케팅 이태호, 이전희 | 관리 김태옥

종이 월드페이퍼
인쇄 제본 현문자현

출판등록 제10-1835호 발행처 사람in
주소 04034 서울시 마포구 양화로 11길 14-10(서교동, 강화빌딩) 3층
전화 02)338-3555(대표번호) | 팩스 02)338-3545
E-mail saramin@netsgo.com | Homepage www.saramin.com

책값은 뒤표지에 있습니다.
파본은 바꾸어 드립니다.

ISBN
978-89-6049-782-5 14740
978-89-6049-686-6 세트

우아한 지적만보 기민한 실사구시

사람in
saram
in.com

OKer 시리즈
오석태 저

우디 앨런이
would를 만났을 때

혼동의 조동사를 설명합니다

사람in

Contents

서문

조동사에 대해서 이야기합니다.

우리는 조동사를 이렇게 공부하지요. "동사 앞에 위치한다. 조동사 뒤에 오는 동사는 원형을 써야 한다." 그리고 각 조동사들의 일반적인 우리말 뜻을 배웁니다. 전혀 나쁘지 않습니다. 그렇게 배우면 됩니다. 여기에서 한 걸음 더 나아가 조동사들이 주는 상세한 의미를 가르치고 배우면 더할 나위 없이 좋지요. 그런데 사실 그렇게 배운다 해도 학습자의 입장에서 영어를 즐겨 읽고, 듣고, 사용하지 않는다면 조동사를 어떤 방법으로 배우든 그것이 머리 속에 진득이 머물러 있지 않습니다. 배움을 통한 지식, 그 지식의 영속성은 철저히 학습자의 의지와 노력에 의존합니다.

영어책을 쓰는 자와 영어를
가르치는 자의 노력은 이렇습니다.

학습자가 최대한 그 항목을 정확히 이해하고 구사할 수 있도록 연구하는 겁니다. 그런데 그 연구는 작위적이지 않아야 합니다. 단지 책을 쓰기 위해서, 단지 가르치기 위해서 연구하는 것이라면 그것이 바로 작위적인 겁니다. 그렇게 되면 쓰는 자와 가르치는 자의 영어적 발전은 전혀 기

6

대하기 어렵습니다. 책을 썼다고 그 내용이 기억 속에 남아 있지 않습니다. 가르쳤다고 그 내용이 기억을 지배하지 못합니다. 쓰는 자와 가르치는 자는 평소에 자신의 영어력 향상을 위해서 노력해야 합니다. 그 노력하는 와중에 씀과 가르침의 연구가 자연스레 이루어져야 합니다. 스스로의 꾸준한 학습이 전제되지 않으면 영어항목들의 정확한 이해를 통한 가르침은 가능하지 않다는 겁니다.

대화 속 조동사의 이해가 선행된 후에 글로 넘어갑니다.

조동사는 대화나 글 속에서 대단한 능력을 발휘합니다. 평면적인 조동사의 의미학습에 대화 속 역동적인 흐름이 얹혀지면 조동사의 이해는 훨씬 분명해집니다. 이렇게 동적인 이해가 선행된 이후에 글을 통한 정적인 학습으로 이어지면 조동사는 여러분의 통제범위 안에 완벽히 자리잡게 됩니다. 이 책은 동적인 방법을 통한 조동사의 의미학습에 초점이 맞춰져 있습니다.

우디 앨런의 영화를 선택합니다.

영어를 학습하는 입장에서는 제시되는 문장들이 매우 역동적이고 사실적이며 지극히 현실적이어야 합니다. 추상적인 표현들과 문장들은 학습자에게 적합하지 않습니다. 그런 의미에서 최적의 문장과 대화들은 우디 앨런의 영화에

모조리 담겨 있습니다. 그래서 그의 영화를 선택했습니다. 조동사들이 활용되는 모습과 문장 안에서 조동사들의 역할이 적나라하게 드러납니다. 조동사가 빛날 수 있는 대화의 스토리, 영화 전체의 흐름, 우디 앨런의 영화들은 그렇게 조동사를 선명하게 조명합니다. 그래서 조동사의 이해를 위해 그의 영화를 통함에는 전혀 부족함이 없습니다.

이제 내 의사를 충실히 표현할 수 있습니다.
그동안 내 생각과 의도를 표현할 때 구름이 잔뜩 낀 듯한 느낌이었다면 이제 그 구름이 하나둘씩 걷힘을 경험할 수 있습니다. 조동사의 흐름을 이해한다는 것은 일반 동사를 주관할 수 있는 힘을 갖추어 나감을 의미합니다. 조동사와 동사를 통제할 수 있다는 것은 영어문장 전체를 내 의도대로 쥐락펴락할 수 있음을 뜻합니다. 이제 비로소 여러분은 영어문장을 통해서 내 의사를 충실히 표현해 나갈 수 있게 되었습니다.
그런 능력을 갖추게 된 여러분, 축하합니다. 그리고 지속적인 건투를 빕니다.

새벽녘 햇살에 화들짝 놀라
의도치 않은 잠을 청해야 하는…
저자 오석태

일러두기

1. 등장인물은 외래어 표기법 기준에
   따랐으며, 해당 사례가 없는 경우 영화 속
   원어민의 발음에 따라 표기하였습니다.

2. 숫자로 표기된 인덱스는 다음 영화에
   해당합니다.

   ① Irrational Man
   ② Vicky Cristina Barcelona
   ③ Match Point
   ④ Blue Jasmine
   ⑤ Husbands and Wives
   ⑥ Midnight in Paris
   ⑦ Magic in the Moonlight
   ⑧ Take the Money and Run
   ⑨ Hannah and Her Sisters
   ⑩ Manhattan
   ⑪ Wonder Wheel
   ⑫ Annie Hall
   ⑬ Crimes and Misdemeanors

조동사

조동사는 말 그대로 일반동사 앞에서 그 동사의 의미와 형태를 도와주는 역할을 한다. 조동사를 영어로는 auxiliary라고 하는데 이 단어는 라틴어에서 유래한 것으로 그 의미 역시 help, support 즉, '도움'이다.

도움을 주려면 어설프고 애매한 부분적인 도움이 아니라 전폭적인 도움을 주어야 한다. 그게 도움의 진정한 의미이다. 그래서 조동사는 일반동사 앞에서 확실한 통제력을 발휘한다.

조동사 뒤에서의 일반동사 형태는 원형으로 고정된다. 시제의 변화가 필요하다면 조동사의 시제를 변화시키고 일반동사는 원형 그대로를 유지한다. 문장에서 조동사를 이용할 때는 일반동사는 그 기본 중심 의미만 갖고 그 외 동사의 의미와 방향성은 조동사에 완전히 맡기라는 것이다.

조동사에는 would, will, can, could, must, should, may, might 등이 있다.

우디의 얼굴.
would를 가장 절실하게 표현하는 얼굴이다.
절대 나댈 얼굴이 아니다. 얌전하다.
그 자체로 예의가 느껴진다.
남의 심정을 상하게 할 얼굴이 아니다.
오히려 남에게 자신감을 주는 얼굴이다. 고마운 얼굴이다.
그게 바로 would가 가진 얼굴이다.

would

would가 사람이라면 지금도 한탄의 시간만 보내고 있을 것이다. 나는 사람들에게 그저 will의 과거로만 알려져 있구나, 사람들은 나의 존재를 정말 몰라주는구나, 존재감 없는 나, 과연 이대로 무의미하게 살아야만 하는 건가... would의 눈에 눈물이 고인다.

우리와 would는 주파수가 맞지 않는다. would가 눈에 띄면 우리는 자꾸 주변을 두리번거린다. 과거의 모습을 하는 다른 단어들을 찾는 것이다. 그런데 주변에 현재만 죽치고 서 있거나 널브러져 있다. 정말 당황스럽다. 아니 모두 다 현재 시제의 모습인데 왜 얘만 유독 과거 모습을 하고 있냔 말이야.

would를 인정하자. would의 독립성을 인정하자.

직설적인 will에 비해 would는 우회적이다. 부드러운 느낌이다. will이 '그렇게 될 거야'의 단도직입적인 날카로운 칼 같은 느낌이라면 would는 '그렇게 될 텐데'의 무딘 편지 개봉용 칼(letter opener) 같은 느낌이다. 그래서 would에는 '배려의 혼'이 배어 있다. would를 사용하면 정중하다고 말하는 이유가 바로 여기에 있다.

would는 늘 그래왔기 때문에 관계자에게는 일반적으로 생각할 수 있는 전형적인 일, 그래서 충분히 예견된 일에 사용한다. 그리고 충고할 때도 사용한다.

물론 이 때도 '배려'는 사라지지 않는다. 직설적으로 '내가 그럴 줄 알았어'가 아니라 '그런 느낌이 좀 들더라' 정도의 의미를 전하고 '당연히 ~이다'가 아니라 '늘 그래왔으니까 ~일 거야' 정도로, 이미 예견된 일이지만 그 전달은 직설적이 아닌 우회적인 전달이 되게 한다. 충고 역시 직설적인 충고가 아니다. '~이면 좋겠는데 말이야', '~이 아닐까 싶은데...', '~이겠지' 정도의 부드러운 충고이다.

What would get you breathing again?

우디 앨런은 실존주의(existentialism)에 심취해 있었다. 실존(existence)이 본질(essence)에 앞선다는… 사르트르(Jean-Paul Sartre)에 의해 정립된 실존주의. 우디에게 실존주의를 알린 사람은 그의 첫 결혼 상대인 할린 로젠(Harlene Rosen)이었다. 결혼 당시 우디는 19세의 개그 작가였고 할린은 16세의 철학도였다. 그녀와 함께 우디는 니체(Nietzsche)의 『선악의 저편 Beyond Good and Evil』, 키르케고르(Kierkegaard)의 『공포와 전율 Fear and Trembling』을 즐겨 읽었다. 그들은 실존주의를 향한 길목에 선 니힐리즘(허무주의; Nihilism)의 중심이다. 1964년 노벨문학상 수상자로 선정된 후에 수상을 거부한 사르트르(Jean-Paul Sartre)를 만나기 위해서 우디는 1965년에 프랑스를 오갔지만 결국 실패했다. 그리고 우디의 실존주의 철학은 영화 〈이레셔널 맨 Irrational Man〉을 통해서 대중에게 소개된다. '비이성적인 남자'를 뜻하는 이 제목은 바로 실존주의자를 상징하는 말이다. 실존주의는 사회 통념과는 무관하게 오직 개인의 자유 의지(free will)에 의한 판단과 결정, 그리고 실천을 최우선으로 한다. 그래서 실존주의자에게 자유(freedom)는 가장 소중한 특권이지만 한편으로는 가장 무거운 책임이기도 하다. 실존주의자들에게는 살인과 자살, 즉 '죽음'은 매우 가까운 영역에 존재한다.

〈Irrational Man〉은 2015년에 발표되었다. 장르는 범죄 미스터리 드라마(crime mystery drama)이다. 우디 앨런이 각본을 쓰고 감독했다. 푸에르토리코(Puerto Rico) 출신의 호아킨 피닉스(Joaquin Phoenix)가 남자 주인공 에이브 루카스(Abe Lucas) 역할을 맡았다.

에이브는 철학과 교수(philosophy professor)로서 새로운 대학에 부임한다. 에이브의 동료 여자 교수 중에 화학과 교수(chemistry professor)인 리타 리차즈(Rita Richards)가 있다. 그녀는 에이브에게 호감을 느끼고(have feelings for Abe) 접근한다. 비가 내리는 밤, 그녀는 에이브의 사택을 방문한다. 에이브는 최근 오랫동안 작업해 온 책을 마무리 하는 중이다. 책의 내용은 하이데거(Heidegger)와 파시즘(Fascism)에 관한 것이다. 하이데거는 독일의 철학자로서 실존주의 철학의 대표자이다. 키르케고르의 영향을 받았다(influenced by Kierkegaard). 에이브는 최근 들어 책의 진행이 막히면서(be blocked) 힘들어하는 상황이다. 리타는 그 막힌 이유를 묻는다. 그리고

17

에이브의 대답은…

> Abe: Oh, I... I can't write 'cause I can't breathe.
> Rita: What **would** get you breathing again?

> 에이브: 쓸 수가 없어요. 숨을 쉴 수가 없어서요.
> 리타: 어떻게 해야 다시 숨을 쉬게 될까요?

숨을 쉴 수가 없어서 책을 쓸 수가 없단다. 그 이유를 묻는 리타에게 에이브는 대답한다. The will to breathe. 숨을 쉬고자 하는 의지… 그 의지가 사라져서 숨을 쉴 수가 없다. 가장 단순해 보이는, 본능에 위탁하는 숨쉬기마저 본인의 의지가 있어야 가능하다는 거다. 이게 실존주의의 허무함, 무서움이다. 우디는 실존주의의 조각들을 구석구석에 자연스레 배치하고 있다.

> What would get you breathing again?

would의 등장이다. 그런데 이 문장에서는 먼저 get you breathing에 주목할 필요가 있다. 일반적으로는 get you to breathe라고 한다. '당신을 숨 쉬게 하다'이다. to 부정사는 '미래 개념'이다. 그래서 get you to breathe는 '당신을 앞으로 숨 쉬게 하다'가 정확한 해석이다. 하지만 동명사는 '과거'와 '현재 진행'의 개념이다. 부정사와 동명사는 의미가 완전히 다르다. 따라서 get you breathing은 '당신을 앞으로 숨 쉬게 하다'가 아니라 '당신을 이미 숨 쉬고 있게 만들다'가 올바른 해석이다.

여기에 would가 붙으면서 What would get you breathing again?이 되면 의미는 분명해진다. "무엇이 당신으로 하여금 다시 이미 숨 쉬고 있는 상태가 되도록 만들까요?"가 직역이며 "무엇을 통해서 당신은 이미 다시 숨 쉬는 상태가 되어 있을까요?"가 적절한 의역이다. '나는 모르지만 이런 상황이라면 당신에게는 이미 예정된, 일반적인 해결책이 있지 않을까?'라는 심리 상태에서 묻는 질문이다. would가 그렇다. would가 그런 분위기를 전한다. 그러면서 would는 문장의 의미를 부드럽게, 또 조심스럽게 포장한다. would를 써서 질문하는 화자를 예의 있고 겸손한 사람으로 만드는 치명적 매력을 담고 있다. 그것이 would의 속성이다.

2015,
Drama/Mystery,
1H 36M

Would that be boring to you?

No. No, I think
that would be
the first genuinely
interesting
proposition
you've made me.

2008,
Drama/Comedy-drama,
1H 37M

장르는 로맨틱 코미디 드라마이다. 우디 앨런이 각본과 감독을 맡았다. 스페인의 바르셀로나에서 촬영했다. 남자 주인공은 스페인 출신 하비에르 바르뎀(Javier Bardem), 여자 주인공은 미국 뉴욕 출신 스칼렛 요한슨(Scarlett Johansson)과 영국 런던 출신인 레베카 홀(Rebecca Hall), 그리고 여자 조연으로 스페인 출신의 페넬로페 크루즈(Penelope Cruz)가 등장한다. 바르뎀과 크루즈는 실제로 2010년에 결혼한 부부 사이이다. 크루즈는 이 영화로 아카데미 여우 조연상을 받았다.

이 영화에는 불륜, 그리고 동성애까지 등장한다. 스페인 바르셀로나에서 휴가를 보내던 비키(Vicky)와 크리스티나(Cristina)는 식당에서 우연히 만난 화가 후안 안토니오(Juan Antonio)의 제안을 받는다. 자신의 비행기를 타고 오비에도(Oviedo)에 가서 셋이 주말을 함께 보내자는. 어림없는 제안에 비키는 강한 반감을, 크리스티나는 관심을 보인다. 결국 후안의 제안은 받아들여진다. 친구 크리스티나를 보호한다는 핑계로 오비에도에 함께 도착한 비키. 그리고 오비에도에서의 첫날밤. 같이 자자는 후안의 제안에 비키는 거절, 크리스티나는 허락. 후안과 크리스티나가 사랑을 나누기 직전, 크리스티나의 식중독 증상으로 거사는 수포가 되고 크리스티나는 방에 갇혀 꼼짝 못 하는 신세가 된다. 결국 주말 동안 크리스티나를 간호해야 할 처지가 되어 버린 비키는 후안과의 뜻하지 않은 데이트를 통해 그의 참모습을 발견하고 호감을 느끼기 시작한다.

비키는 후안이 여자와 자는 것에만 관심이 있다고 생각했다. 그래서 오비에도에 온 것으로 생각했다. 그러나 오비에도에는 후안의 아버지가 살고 있었다. 그리고 후안은 비키에게 아버지를 같이 방문하지 않겠냐는 제안을 한다. 또 하나의 뜬금없는 제안을 하면서 후안은 비키에게 이렇게 묻는다.

Juan: **Would** that be boring to you?
Vicky: No. No, I think that **would** be the first genuinely
interesting proposition you've made me.

후안: (같이 뵈러 가자면) 따분한 제안이 될까요?
비키: 아니에요. 아니요, 제 생각엔 그게 당신이 그동안 저에게 했던 제안 중에서 처음으로 진짜 흥미로운

23

2008,
Drama/Comedy-drama,
1H 37M

제안인 것 같아요.

처음 보는 남자와 잔다는 것도 어색한 일이지만 처음 보는 남자의 아버지를 같이 만나러 간다는 것 또한... 하지만, 딱히 특별히 할 일도 없는 상황이라면 뭐... 아니, 아무리 그래도...

Would that be boring to you?

Would that be ~ 패턴이 쓰였다. '그렇게 하면 ~일까요?'이다. 전형적이고 일반적인, 그래서 충분히 예견된 일을 말할 때 사용하는 would이다. 이 표현의 전체 느낌은 "이런 종류의 제안은 너무 뻔해서 좀 따분하고 진부하게 들리나요?"이다.

　boring의 출발은 bore다. 동사로 쓰여서 '~을 지겹게 만들다'이다. 이것을 현재 분사화해서 형용사로 만들면, 즉 boring이 되면 '남을 지겹게 만드는' 정도의 의미가 된다. He's boring.이라면 어떻게 이해할까? "걔 정말 사람 따분하게 만드는 애야."이다.

I think that would be the first genuinely interesting
proposition you've made me.

24

역시 would가 쓰였다. '충고'의 분위기를 전한다. the first genuinely interesting proposition은 '진짜 흥미로운 첫 번째 제안'이라는 의미이며 you've made me는 '그동안 당신이 나에게 했던'이다. 결국 연결하면 '그동안 당신이 나에게 했던 제안 중에서 진짜 흥미로운 첫 번째 제안'이 된다. 여기에 that would be가 붙었다. '그게 ~이 아닐까 싶다'의 충고의 느낌이다. 충고라서 해서 무조건 '~을 하라'로 해석하는 것은 아니다. '나는 이렇게 생각하니 당신은 그로 인해서 걱정이나 불안감을 좀 덜었으면 좋겠다' 정도의 느낌을 전하는 것도 충고의 범주에 들어간다. 따라서 전체 문장은 "내 생각에는 그게 그동안 당신이 내게 했던 제안 중에서 진짜 흥미로운 첫 번째 제안이 아닐까 싶어요."로 이해한다. make me a proposition은 '내게 제안하다'이다.

비키(Vicky)와 후안(Juan)은 후안의 아버지를 방문한 후에 호텔로 돌아가 크리스티나의 상태를 확인한다. 크리스티나에게 더 많은 휴식이 필요함을 확인하고 둘은 괜찮은 식당에서 와인과 함께 점심을 먹는다. 즐겁게. 후안과 함께 있는 시간이 전보다 한결 편해진 비키는 후안에 대한 관심이 점점 깊어 간다. 그 순간 비키의 약혼자에게 전화가 온다. 약간 긴장한(nervous) 상태에서 얼굴이 발개져 (turned red) 통화를 끝낸 비키에게 후안은 묻는다. 약혼자가 자신과 함께 식사하고 있는 사실을 알면 화를 낼 것 같

25

2008,
Drama/Comedy-drama,
1H 37M

은가... 라고. 그에 대해서 비키는 답한다.

I don't think he'd love
the basic concept of me sitting with a man drinking
wine over candlelight, but he'd quickly realize
there was nothing to worry about.

그 사람이 기본 컨셉을 아주 좋아할 리는 없겠죠.
제가 한 남자와 같이 와인을 마시며 앉아 있는
컨셉을요. 그것도 촛불을 켜 놓고 말이죠.
하지만 곧 깨달을 거예요. 걱정할 게 전혀 없다는
사실을 말이에요.

그렇다. 이성과 앉은 자리에서 약혼자든 아내든 남편이든
매우 가까운 사람과 통화하기가 몹시 불편하다면 그 이성
에게 묘한 감정을 느끼고 있다는 의미이다. 100% 그렇다.
그래서 말을 더듬게 되고 분명하게 말을 잇지 못하고 수화
기 너머에서 사랑한다는 말이 들릴 때 늘 대꾸하던 사랑
한다는 말조차 버벅거리게 된다. 어쩔 수 없다. 사람의 마
음이 그렇다. 본능이 그렇다.

I don't think he'd love the basic concept of me sitting

with a man drinking wine over candlelight.

말 자체를 어렵게 하고 있다. 제삼자의 반응이나 생각을 내가 단정적으로 표현하는 것은 어울리지 않는다. 따라서 I don't think의 활용이 매우 중요하다. 단지 '~라고 생각하지 않는다'로 해석할 경우도 있겠지만 본문에서는 '~하지는 않을 것이다' 정도가 좋겠다. 추측의 느낌을 분명히 살리는 해석이다.

he'd love the basic concept가 이 문장의 핵심내용이다. I don't think가 없다면 당연히 주절(主節)인 문장이다. 조동사 would가 '충분히 예견된 전형적인 사실'을 말하고 있다. 따라서 I don't think he'd love the basic concept은 "나는 그가 그 기본 컨셉을 당연시해서 아주 좋아하리라고는 생각하지 않는다"가 정확한 해석이다. love는 '손뼉 치면서 환영하다' 정도로 의역할 수도 있다. 그 개념이라는 건 '어떤 남자와 앉아서 촛불 켜 놓고 와인을 마신다'는 것이다. 그리고 그 주체는 '나'이다. 즉, 그 개념의 의미상의 주어가 '나'라는 것이다. 이 의미상의 주어를 of me로 표현하고 '진행'의 느낌을 담는 현재 분사를 이용하여 sitting과 drinking을 연속적으로 표현하고 있다. 그리고 over candlelight는 '촛불을 받으며', '촛불을 켜 놓은 상태로' 등으로 이해한다.

2008,
Drama/Comedy-drama,
IH 37M

He'd quickly realize there was nothing to worry about.

He'd quickly realize는 '그는 아마도 빠른 속도로 깨닫겠죠'가 적절한 의미 이해이다. would가 과거형이기 때문에 시제의 일치에 근거해서 형태상 is가 was로 바뀌었다. 하지만 의미상으로는 is를 그대로 살려서 해석한다. 그래서 '걱정할 게 전혀 없었다'가 아니라 '걱정할 게 전혀 없다'가 되는 것이다.

28

I think it would be a great experience.

여자 주인공 질(Jill)은 미국 출신 에마 스톤(Emma Stone)
이 맡았다. 질(Jill)의 남자친구 로이(Roy)는 영국 출신의
배우 제이미 블랙클리(Jamie Blackley)이다.

　교수 에이브(Abe)의 학생인 질은 에이브에게 애정을
갖게 된다(have feelings for Abe). 그동안 깊이 사랑을 나
누었던 로이(Roy)가 마음에서 멀어진다. 그러나 에이브
는 질의 마음을 받아주지 않는다. 질과는 육체적인 관계
가 아닌 플라토닉 관계(only a platonic relationship)를 원
한다. 에이브에게 거절당한 후 질의 마음은 언짢다(in a
bad mood). 또한, 불안한 마음에 안절부절못한다(a little
bit edgy). 그런 상태에서 당연히 로이에게 좋은 감정을 보
일 리 없다. 그런 질에게 로이는 예전에 했던 제안을 다시
한번 던진다. 졸업한 후(after graduation)에 런던으로 가
서 동거하며(move in together) 옥스포드에서 대학원 공부
(postgrad work)를 같이 하자는 거다. 사실 이 제안은 질이
더 원했던 것이었고 이미 두 사람이 동의를 했던 터였다.

30

로이는 그 사실을 다시 한번 확인하고자 했던 건데 그 사이 질의 마음이 요동치고 있다. 질은 이렇게 답한다.

Jill: It's a very big idea and I don't know.
Roy: I think it **would** be a great experience.

질: 대단히 훌륭한 생각이야. 그런데 난 잘 모르겠어.
로이: 내 생각엔 당연히 멋진 경험일 것 같은데.

질도 일단은 인정한다. 어차피 과거에 자신도 이미 동의했던 일이니까. It's a very big idea. be 동사를 사용한 단정적 문장이다. "그건 매우 중요한 생각이다." 그런데 I don't know. 잘 모르겠다. 마음이 흔들린다는 얘기다. 그 말에 로이는 조급한 마음에 답한다.

I think it would be a great experience.

조동사 would가 쓰였다. 충분히 예견되는 일을 말하고 있다. 우리가 같이 동거하면서 대학원 공부를 한다는 게 얼마나 대단하고 멋진 경험이 되겠냐는 거다. 그게 당연한 거 아니냐고 말하는 거다. 그래서 would를 이용했다. 만일 would 대신에 will을 썼다면 다른 감정은 전혀 개입되지

31

않고 단지 분명히 그럴 것이라는 건조한 '확실성'만을 말하게 된다. 그래서 직설적으로 "그건 훌륭한 경험이 될 거야."로만 이해한다. I think는 '내 생각에는' 정도로 이해한다. great experience는 '굉장한 경험'이다.

But you'd
never be able to
pull it off,
and even if you
did, you'd be
a prime suspect.

2015,
Drama/Mystery,
1H 36M

철학과 교수 에이브 루카스(Abe Lucas). 그는 지금 심리적으로 존재의 위기상태를 겪고 있다(experiencing an existential crisis). 늘 우울증에 걸린 상태(under depression)이며 삶의 의미를 찾지 못하고 있다(sees no meaning in his life). 과한 음주에 찌들어 있다(drinks excessively). 그런데도 그에게 두 여성이 관심을 보인다. 리타(Rita)와 질(Jill). 리타는 유부녀지만 결혼생활에 만족하지 못하고 있다. 질은 깊이 사귀는 애인이 있다(Jill has a serious boyfriend).

질과 에이브가 함께 식당에서 점심을 먹는 도중에 (at lunch) 두 사람은 옆 테이블의 대화 내용을 엿듣게 된다(overhear a conversation). 가정법원의 비윤리적 판사(unethical judge)의 행동으로 인하여 양육권 분쟁(a custody battle)에서 패할 것 같아 괴로워하는 여성은 끝에 판사가 암이라도 걸렸으면 좋겠다고(develop cancer) 흐느끼며 말한다. 그 말을 들은 에이브는 그가 죽기를 원한다면 죽게 만들어야 된다(make it happen)며 독백을 잇는다.

34

But you'**d** never be able to pull it off, and even if you did,
you'**d** be a prime suspect.

그러나 당신은 절대로 성공할 수 없을 것이다,
그리고 설령 성공한다 해도 당신은 주요 용의자
선상에 오를 것이다.

you'd never be able to pull it off

"당신은 절대 성공할 수 없을 것이다."의 의미이다. 조동사 would가 '충분히 예견되는 전형적인 상황'을 말하고 있다. 그래서 '당연히 ~하게 될 것이다'로 해석한다. pull off는 '힘든 일을 성취하다'의 뜻이다. 본문에서 it은 '살인'을 의미한다. 따라서 본문은 "당신은 아마 살인을 하고 싶어도 그럴 능력이 절대 없을 것 같다. 안타깝지만."의 의미를 담고 있다.

even if you did, you'd be a prime suspect

가정법 과거 구문이다. "비록 당신이 그런다 한들(even if you did), 결국 당신은 주요 용의자가 될 테니 살인해봐야 무슨 의미가 있을까... (you'd be a prime suspect)" 정

35

2015,
Drama/Mystery,
1H 36M

도의 안타까움을 표현한다. suspect는 '용의자'이며 prime suspect는 '주요 용의자'이다.

에이브의 독백은 계속된다. 당신이 죽일 수 없다면 대신 내가 그 판사를 죽일 수 있다. 그래서 당신의 고통을 끝내 줄 수 있다...

I could rid you of this roach and end all your suffering.
I could perform this blessing for that poor woman
and no one **would** ever connect me to it.

내가 그 바퀴벌레 같은 놈을 당신으로부터 없애고
당신의 모든 고통을 끝낼 수 있을 것이다.
나는 이런 축복을 저 불쌍한 여성을 위하여 행할 수 있을
것이다. 그리고 당연히 그 누구도 나를 그 사건과
연관시키지 못할 것이다.

우울증이 이렇다. 존재의 위기감이 더해진 우울증이 이렇다. 삶의 허무에서 좌충우돌하는 자의 마음에 존재의 위기감, 그리고 우울증이 더해지면 이렇다.

no one would ever connect me to it.

Irrational Man

"누구도 나를 그 일과 연관시키지 못할 것이다."라는 의미
이다. 조동사 would가 쓰였다. 역시 '당연히 예견되는 사실'
을 말하는 상황이다. connect A to B는 A를 B와 연결한다
는 의미이다.

I could rid you of this roach and end all your suffering.

"내가 당신에게서 그 바퀴벌레 같은 놈을 떼어내고 당신
의 모든 고통을 끝내 버릴 수 있을 것이다."라는 의미이다.
조동사 could는 '~할 수 있을 것이다'의 가능성의 의미를
전한다. 동사 rid는 rid A of B의 형태를 유지하며 'A에게서
B를 없애다'의 뜻을 전한다. roach는 '바퀴벌레', 또는 '바퀴
벌레 같은 놈'이다. 동사 end는 '~을 끝내다'를 뜻하는 타동
사이며 suffering은 '고통'이다.

I could perform this blessing for that poor woman.

"내가 이런 축복을 저 불쌍한 여성을 위해서 행할 수 있을
것이다."의 의미이다. 조동사 could는 '가능성'을 의미한다.
따라서 could perform this blessing은 '이런 축복을 행할
수 있을 것이다'로 이해한다.

37

What would you say to the idea of taking a business course at school that the company would pay for?

‹Match Point›의 장르는 심리 스릴러(psychological thriller)로 우디 앨런이 각본과 감독을 맡았다. 영화의 주제는 도덕(morality), 탐욕(greed), 욕정(lust), 돈(money), 그리고 행운(luck)... 원래는 뉴욕에서 촬영 예정이었으나 제작비(financial support) 부족으로 런던으로 장소를 옮겨 촬영했다. 우디는 이 영화로 아카데미 시상식에서 각본상 후보에 올랐다.

최근에 은퇴한(recently retired) 테니스 프로선수 크리스 윌튼(Chris Wilton). 런던 상류층 클럽(an upmarket club)의 코치 일을 맡게 된다. 그는 톰 휴이트(Tom Hewett)를 제자로 맞이한다. 그에게는 누나 클로이(Chloe)가 있고 그녀 역시 곧 크리스의 제자가 된 후에 그에게 매료된다(is smitten with Chris). 크리스와 본격적으로 데이트를 시작하게 된 클로이는 아버지 회사 중 한 곳에 크리스를 중역으로 앉혀 달라고 아버지 알렉(Alec)에게 부탁한다. 딸의 말에 따라 크리스에게 기회를 준 아버

2005,
Drama/Crime,
2H 6M

지는 회사 내에서 호평을 받게 된 크리스를 긍정의 시선으로 바라보기 시작한다. 그리고 결국 크리스에게 본격적인 제안을 하는데…

③

Alec: What **would** you say to the idea of taking a business course at school that the company **would** pay for?

Chris: I don't know.

알렉: 자네 말이야, 학교에서 정식으로 경영학 공부를 하면 어떻겠나? 수업료는 회사에서 지급할 테고.

크리스: 잘 모르겠습니다.

밀당의 고수다. 애인의 아버지가 본격 경영수업을 제안했는데도 일단 한 발 뒤로 물러선다. 겸손의 미덕을 한껏 발휘하는 거다. 그걸 제가 제대로 해낼 수 있을지 모르겠습니다. 당황스럽습니다. 딸을 잡았다. 그렇다면 미래의 장인은 내 손안에 있는 거나 다름없다. 크리스는 세상을 손에 쥔 듯하다.

What would you say to the idea of taking a business course at school?

40

꽤나 정중하게 묻는다. 그렇다고 무조건 존댓말은 아니다. 정중과 존댓말은 일치하지 않는다. What do you say to ~? 라 하면 '~에 대한 너의 생각은 어때?'의 의미이다. 사실에 근거한 직설적인 질문이다. 반말, 존댓말을 떠나서 누구에게나 사용할 수 있다. 따라서 '~에 대해 어떻게 생각하십니까?'처럼 존댓말로도 해석할 수 있다. 하지만 직설적이다. 이것을 What would you say to ~?로 바꾸면 말이 점잖아진다. 우회적이다. '~에 대한 자네의 생각은 어떤지 모르겠네?', 또는 '~에 대해서 어떻게 생각하실지 모르겠습니다' 정도의 느낌이다. 본문에서처럼 윗사람이 아랫사람에게 이 표현을 썼다면 '~에 대한 자네의 생각은 어떤가?' 정도로 조심스럽게 의사타진을 하는 모양새가 된다. 이 질문에서 to는 부정사가 아니라 전치사이다. 뒤에 명사가 자리한다. take a business course는 '경영학을 공부하다'로 해석한다. 따라서 본문은 "자네 말이야. 자네가 대학원에서 경영학을 공부한다는 생각에 어떤 반응을 보이겠는가?", "자네 혹시 대학원에서 경영학을 공부해 볼 생각 없는가?" 정도의 의미로 이해한다.

the company would pay for the course

"회사가 그 과정을 위한 비용은 지불할 거야."의 의미이다.

41

2005,
Drama/Crime,
2H 6M

조동사 would는 이 회사의 '일반적인 관례'를 말하고 있다. 그동안 그래 왔기 때문에 자네에게도 그 상황이 적용될 것이라는 느낌이다. pay for ~는 '~에 대한 비용을 지불하다'이다.

잘 모르겠다고 한발 물러서는 크리스에게 알렉은 좀 더 적극적인 제안을 한다. 내년 초에 매우 중요한 자리(a significant position)가 날 텐데 그 자리를 맡으라는 것이다. 그리고 그 자리에 대해서 설명한다.

Alec: One that carries a great deal of responsibility and pays accordingly. Plus, there are a number of perks... Expense account, driver, et cetera.
Chris: I'd hate to disappoint you.

알렉: 책임이 막중한 자리이고 그에 따라 급여가 책정될 걸세. 게다가, 다수의 특혜가 있어. 판공비, 운전수 등 말이야.
크리스: 정말 실망시켜드리고 싶지 않습니다.

사업체가 여러 개라면 타고난 사업가일 것이다. 사람 보는 눈도 탁월할 것이고. 하지만 아무리 그래도 딸이 사랑하는 사람을, 그래서 딸이 간절히 부탁하는 사람을 아버지로서 무작정 외면할 수는 없을 것이다. 웬만하면 합격점을 주고 잘 키우면 되겠지. 아버지의 생각이다. 딸로 인해서 아버지의 시야는 좁아졌다. 시야가 무너졌다.

I'd hate to disappoint you.

"실망시켜드리는 거 저는 정말 싫습니다."의 의미이다. 조동사 would를 통해서 늘 그래왔던, 자기의 전형적인 성격을 말하고 있다. 동사 hate는 '~이 정말 싫다'는 강조의 의미를 갖는다. hate가 문어체 어휘이기 때문에 그렇다. 문어체 어휘가 구어에 쓰이면 매우 강한 느낌을 전한다. 동사 disappoint는 '~을 실망시키다'의 의미이다.

One that carries a great deal of responsibility
and pays accordingly.

문장을 변형해서 두 개의 문장으로 기억해두는 것이 좋겠다. 첫 번째는 It carries a great deal of responsibility. 두 번째는 It pays accordingly.이다. 각각 "그 일은 많은 책임이 따른다," "그 일은 그런 상황에 따라 급여가 책정된다." 이다. 동사 carry의 중심 의미는 '~을 가지고 가다'이다. 따라서 '책임을 지고 간다'라면 '책임을 수반하다', '책임이 따

43

2005,
Drama/Crime,
2H 6M

르다' 등으로 이해하는 것이고, a great deal of는 '다량의 ~', a great deal of responsibility는 '많은 책임'이 된다. 동사 pay는 자동사로 쓰일 때 '어떤 일이 수익을 내다'의 의미를 전한다. accordingly는 '그에 따라서'이기 때문에 It pays accordingly.가 영화에서는 "책임 있는 일을 얼마나 많이 하느냐에 따라서 그 일의 봉급이 책정된다."라고 이해한다. 참고로 It pays well.은 "그 일 수입이 짭짤해." 정도로 이해한다.

There are a number of perks.

a number of는 셀 수 있는 뭔가의 총 개수가 여러 개일 때 사용한다. perk는 '특혜'이다. 따라서 a number of perks는 '다수의 특혜'가 된다. a number of 다음에는 반드시 복수형 명사가 온다.

44

결국 사위로서의 인증을 제대로 받은 크리스(Chris)는 클로이(Chloe)와 결혼에 성공한다. 문제는… 크리스는 이미 처남 톰(Tom)의 애인인 놀라(Nola)와 관계를 맺기 시작했다. 톰의 어머니의 극심한 반대에 부딪혀 그 여파로 톰과 놀라의 관계는 깨지고. 어느 날, 놀라는 크리스에게 임신 사실을 알린다. 당황과 절망의 크리스. 그는 놀라에게 낙태를 권한다(asks her to get an abortion). 하지만 놀라는 그의 권유를 거절하며(refuses) 크리스에게 클로이와의 이혼을 요구한다. 한편, 자신과 점점 멀어지는(becomes distant from her) 크리스의 어색한 행동들에 클로이는 그의 외도를 의심한다(suspects he is having an affair). 집요할 정도로 이혼을 요구하는 놀라(Nola urges Chris to divorce his wife). 놀라의 강요, 하지만 클로이에게 얘기할 시기를 계속 늦추기만 하는 크리스. 놀라는 클로이에게 말할 용기가 나지 않으면(don't have the nerve to tell Chloe) 본인이 직접 하겠다고(I'll do it) 크리스에게 으름장을 놓는데 이

2005,
Drama/Crime,
2H 6M

에 크리스는...

Chris: That **would** be revenge for you against the whole
Hewett family, **wouldn't** it?
Nola: What the hell is that supposed to mean?

크리스: 그게 당신 입장에서는 휴잇 가족 전체를
상대로 한 복수가 되겠네, 안 그래?
놀라: 이건 또 무슨 뚱딴지 같은 소리야?

놀라(Nola)는 순수하게 크리스를 사랑하기 때문에 클로이와의 이혼을 요구했던 것이다. 하지만 사면초가에 놓인 크리스는 놀라에게 결국 해서는 안 될 말을 하고 만다. 톰 어머니의 반대에 부딪혀 자존심에 온갖 상처를 입고 결국 톰과 헤어져 아직도 마음이 풀리지 않은 상태인 놀라에게 한다는 말이, 자신을 클로이와 이혼하게 만들려는 이유가 바로 그 가족에 대한 놀라의 복수심 때문이 아니냐고... 이런 무리수를 둔 것이다. 참 찌질하게도 말한다, 크리스. 넌 남자도 아니다, 이 자식아.

That would be revenge for you against the whole
Hewett family, wouldn't it?

46

조동사 would가 쓰였다. 과거의 비슷한 상황들에 비추어 생각해볼 때 '충분히 예견되는 일'을 말하고 있다. 그래서 That would be revenge for you는 '그게 너에게는 복수가 되겠네'의 해석이 가능한 것이다. revenge는 '복수', 그리고 '보복'이다. 누군가를 상대로 한 복수라면 revenge against ~ 형태를 쓴다. 영화 속에서는 이렇게 쓰였다. "당신이 클로이에게 이 사실을 말하면 그게 나를 사랑해서가 아닌 그 집안 전체에 복수하고자 하는 마음에서 던지는 말이 되겠는걸." 사랑하기 때문에 같이 살고자 하는 사람이 들으면 정말 열받는 말이 아닐 수 없다.

단순히 would만 쓰인 게 아니라 would를 이용한 부가 의문문 형태가 쓰였다. 부가 의문문은 이미 그런 것 같아서 말을 던진 다음에 다시 한번 그 사실을 확인하고 싶을 때 사용한다. 영화 속 상황에서는 듣는 사람을 정말 제대로 열받게 만드는 표현법이다.

That would be revenge for you to ~에서처럼 사람이 아닌 3인칭으로 시작한 문장에서 행동의 주체를 추가하고 싶을 때는 의미상의 주어를 넣게 된다. for you가 바로 그런 경우이다.

What the hell is that supposed to mean?

2005,
Drama/Crime,
2H 6M

the hell은 강하다. 흥분했을 때, 화났을 때 상대에게 강하게 던지는 말이다. '도대체'의 느낌이다. supposed to ~는 '~가 전제되어 있는 상태'이다. 따라서 supposed to mean은 '~을 의미하는 걸 전제로' 정도의 의미이다. What is that supposed to mean?은 "뭘 전제로 그런 말을 하는 거야?", "너 지금 무슨 의도로 그런 말을 하는 거야?" 등으로 이해하고 What the hell is that supposed to mean?은 "도대체 너지금 무슨 뜻으로 그런 말을 하는 거야?"가 된다. 여기에서 "이건 또 무슨 뚱딴지 같은 소리야?"로까지 발전된다.

48

I would like to ~

줄여서 I'd like to ~라고 한다. 이것부터 먼저 생각해보자. I like to ~는 어떤 의미일까? to 부정사는 '미래'와 '조건'의 의미를 갖는다. 어차피 조건은 미래에 일어날 일을 말한다. 그렇다면 I like to ~는 '나는 앞으로 ~하는 것을 좋아한다'가 직역이다. 이것을 의역하면 '~한다면 나야 좋지', '~하는 거 나 좋아' 등이 된다. 평소에 그런 경우가 생기면 마다하지 않고 해왔다는 느낌이 강하다. like가 현재 시제이기 때문에 그렇다. 어쨌든 I like to ~의 느낌은 단도직입적이고 매우 솔직하다. 듣는 사람의 속이 다 시원하다. 그걸 좋아한다니까 그렇게 하면 된다. 오해할 여지가 없다. 이 표현에 겸손한 would가 들어간다. 소극적이다. 점잖다. 상대에게 부담을 주고 싶어하지 않는다. 그래서 I would like to ~는 '앞으로 ~한다면 나는 좋겠지만 꼭 그렇게까지 할 거야 뭐... ' 정도의 느낌이다. 이것을 우리는 '~을 하고 싶다'라고 의역한다. 의역에 속지 말자. 직역을 통한 속뜻을 정확히 알아야 한다. 그래야 오해가 생기지 않는다.

JUAN

I would like to invite you both to come with me to Oviedo.

50

Vicky Cristina Barcelona

우디 앨런. 그의 영화는 성(性)에 대한 욕망을 다채롭게 표현한다. 불륜을 감추지 않는다. 아니 모든 영화가 불륜과 바람 그 자체이다. 배우들이 옷을 입고 등장한다는 사실이 생소하게 느껴질 정도이다. 아니 왜 옷을 입고 있는 거지? 어차피 벗을 텐데? 감추지 않는다. 인간과 성은 분리해서 생각할 수 없다. 우디 앨런은 그렇게 생각한다.

후안(Juan)이 비키(Vicky)와 크리스티나(Cristina)에게 오비에도(Oviedo)로 주말여행을 떠나자고 제안하는 장면이다. 옆에서 두 사람의 대화를 우연히 엿듣게 된 후안은 그들이 미국인이라는 사실을 눈치 챈다. 그리고 그들에게 다가가 크리스티나의 눈 색깔을 묻는다(What color of your eyes?). 그녀의 눈에서 매력을 느꼈나 보다. 접근방법이 도발적이다. 그러면서 대뜸 오비에도에 같이 가자고 제안한다. 화들짝 놀라는 비키…

2008,
Drama/Comedy-drama,
1H 37M

Juan: **I would like to** invite you both to come
with me to Oviedo.
Vicky: To come where?
Juan: To Oviedo. For the weekend.
We leave in one hour.

후안: 두 분 모두 저와 함께 오비에도에
가시는 건 어떨까 싶습니다.
비키: 어디를 간다고요?
후안: 오비에도예요. 주말에 말이죠.
한 시간 후에 떠나는 겁니다.

그런 거다. 말도 안 되는 상황에서 터무니없는 제안을 받으면 실소 내지는 짜증, 또는 급관심이 생긴다. 사람에 따라 다르다. 이 남자가 나를 싸구려로 보나, 내가 쉬운 여자로 보이나, 나를 너무 만만하게 보는 건 아닌가, 이 남자 웃기네, 이 남자 상남잔데, 이 남자 지금 나한테 시작부터 자자고 들이대는 거? 별 생각이 다 든다. 그런데 무지막지한 제안을 해오는 남자의 표정이 너무도 진지하다. 그러면 대응 자체가 쉽지 않다.

I'd like to invite you both to come with me to Oviedo.

"두 분 모두 저와 함께 오비에도에 가시자고 초대하고 싶습니다."의 의미이다. I'd like to ~가 쓰였다. 정중한 제안이다. 절대 장난처럼 들리지 않는다. 진지하다. 낯선 여자들에게 이런 제안을 하는 것 자체가 진지하거나 공손한 상태로 받아들여질 수 없겠지만 표현 자체는 공손하다. invite you both 당신 둘을 모두 초대한다. 그 초대는 to come with me 나와 함께 어디론가 가자는 초대이다. to Oviedo 그 목적지는 오비에도이다. 그래서 본문은 "두 분 다 저와 함께 오비에도에 가실 수 있으면 좋겠습니다. 제가 지금 두 분을 초대하는 겁니다." 정도로 이해한다.

We leave in an hour.

각별한 이해가 필요한 문장이다. 그냥 "우리는 한 시간 후에 떠난다."가 아니다. 이 말을 하는 사람의 의도를 정확히 파악할 수 있어야 한다. 한 시간 후에 떠나는 것은 분명 '미래'의 일인데 미래 시제가 아닌 현재 시제가 쓰였다. 이미 정해져 있는 스케줄, 예를 들어 비행기 출발 시간, 영화 시작 시간, 버스 출발 시간 등을 말할 때 현재 시제로 미래를 말한다고 영문법은 정한다. 생전 처음 보는 사람이 같이 여행을 떠나자면서 마치 그게 오래전부터 예정되어 있었던 일인 양 한 시간 후에 떠나는 스케줄이란다. 당사자

2008,
Drama/Comedy-drama,
1H 37M

인 나의 의사와는 전혀 무관하게. 결국 이미 예정되어 있는 거였으니 당신은 잔말 말고 그냥 나를 따라서 여행을 떠나면 된다는 분위기이다. 어처구니없다. 이 간단한 말이 품고 있는 현재 시제를 이용한 미래의 의미가 이렇게 깊은 의미를 담고 있는 것이다. 문법이 그렇다. 말 속에 상황과 의도를 담아서 표현할 수 있는 건 바로 '문법'이 존재하기 때문이다. 현재를 시점으로 '미래'를 말할 때, 즉 ~ 후에를 말할 때는 전치사 in을 이용한다.

후안 안토니오의 제안은 크리스티나에게 묘한 흥분을 준다. 그래서... 그 제안을 받아들인다. 비키는 옆에서 당황한다. 이게 무슨 말도 안 되는 경우람. 하지만 이미 결심한 듯 크리스티나는 단호하다.

Cristina: I **would love to** go to Oviedo.

Vicky: What? Are you kidding?

Cristina: I think it would be so much fun. I think we should go. I**'d love to** go.

크리스티나: 전 오비에도에 정말 가보고 싶어요.

비키: 뭐? 장난해?

크리스티나: 무척 재미있을 것 같아요.

우리 가요. 정말 가고 싶어요.

54

후안은 크리스티나를 향해서 계속 도발한다. "갤러리에서 당신을 봤습니다. 입술이 정말 아름다우시더군요. 매우 통통하고 관능적이십니다(very full, very sensual)." 이거 싸구려 멘트야, 아니면 그냥 진지한 거야? 얘 때문에 이거 판단이 영 아리송해지네... 이런 말에 크리스티나는 화를 내긴커녕 고맙단다. 크리스티나 앤 또...

I would love to go to Oviedo.

"정말 오비에도에 가고 싶어요."의 의미이다. I would like to ~ 대신에 I would love to ~가 쓰였다. like가 커지면 love가 된다. 다시 말해서 I'd love to ~는 '~을 정말, 너무너무 하고 싶다'는 강조의 의미가 된다. 간절한 소망이다. 사랑... 징글징글하다. 하지만 뭐, 사랑이 없으면 우주도 없는 거니까...

I think it would be so much fun.

"그거 진짜 재미있을 것 같아."의 의미이다. 조동사 would가 쓰였다. 우회적이고 부드러운 추측이다. '~일 것 같다'는 I think ~이다. It is so much fun.은 단정적으로 "그거 정말 재미있어."가 되고 It will be so much fun.이라고 하면 "그

55

거 분명 아주 재미있을 거야."의 확신에 찬 직설적 추측성 말이 되며 It would be so much fun.은 "그거 정말 재미있을 것 같은데…" 정도의 기대감이 묻어나오는 말이 된다. would의 색깔이 적나라하게 드러나는 표현이다.

Are you kidding?

"너 지금 장난해?"의 의미이다. 낯선 남자의 말도 안되는 제안에 선뜻 응하는 친구에게 던지는 말이다. "얘가 지금 무슨 소리 하는 거야? 너 제정신이야?" 이런 느낌이다.

I think we should go.

"내 생각엔 우리가 가는 게 좋을 듯."의 의미이다. 조동사 should는 '권유'에 '기대감'까지 추가하여 '강력한 권유'가 된다. 무조건 '~해야만 하다'로 해석하지 않도록 주의 요망.

I'd like to make this wall higher.

Blue Jasmine

남편이 죽었다. 새 출발은 가능한 건가... 인테리어 디자이너가 되고 싶다. 그러면 컴퓨터를 다룰 줄도 알아야 된다. 배워야 한다. 그런데 돈이 없다. 병원에 취직한다. 불미스러운 일로 그만둔다. 참 더럽게 안 풀리는 인생이다. 파티에 참석했다. 혹시나 좋은 남자를 만날 수 있지 않을까... 누구나 그런 생각을 하면서 파티에 간다. 드와이트(Dwight)라는 남자를 만난다. 그가 재스민(Jasmine)에게 반했다. 아내와 사별했단다. 최근에 집을 샀는데 재스민에게 인테리어를 좀 봐달란다. 재스민은 이 기회를 놓치고 싶지 않다. 그의 전화를 받고 재스민은 흥분된 마음을 가라앉히며 그와 함께 그의 집으로 간다. 정원이 참 잘 만들어졌다(The garden is so established). 현관도 매력적으로 잘 꾸몄다(The porch is so charming). 드와이트는 벽을 좀 더 높이고 싶다는데...

58

Dwight: **I'd like to** make this wall higher.

Jasmine: Oh, well, it's lovely.

드와이트: 이 벽을 좀 더 높게 만들고 싶어요.

재스민: 오, 정말 예뻐요.

④

재스민은 감동이다. 이 집이 내 집이 될 수도 있겠다는 생각이 떠나질 않는다. 그래서 그런지 감동이 더욱 커진다. 글쎄... 드와이트와의 애정 전선이 너무 순탄한 듯. 어떤 먹구름이 도사리고 있을지 알 수 없다. 하지만 이 순간만큼은 마음껏 만끽해야지. 재스민, 파이팅!!!

I'd like to make this wall higher.

"이 벽을 좀 더 높게 만들고 싶어요."의 의미이다. I'd like to ~ 구문이 쓰였다. 여성과의 대화라면 예의가 필수다. 특히 마음에 드는 여성과의 대화라면 더욱. I'd like to ~는 입에 붙여 놓아야 할 구문임에 틀림없다. make this wall higher는 '이 벽을 좀 더 높게 만들다'이다. 대화 중에 비교급이 자연스럽게 나오게 하려면 비교급이 사용된 문장들을 많이 읽어야 한다. 숙달되도록.

59

2013,
Comedy-drama/Drama,
1H 38M

I'd like to pick up some decaf.

‹Husbands and Wives›는 1992년에 발표된 코미디 드라마 영화. 우디 앨런이 극본과 감독을 맡았다. 등장 인물로는 Gabe 역의 우디 앨런, 그의 아내 Judy 역으로 미아 패로(Mia Farrow), 친구 Jack 역의 시드니 폴락(Sydney Pollack), Jack의 아내 Sally 역으로 주디 데이비스(Judy Davis)가 있다. 이 두 부부의 이야기를 담은 영화이다. 이 영화는 우디 앨런의 최고 작품 중 하나로 평가받는다.

게이브(Gabe)와 주디(Judy)는 거리에서 우연히 잭(Jack)을 만난다. 그의 곁에는 잭이 새로 만나고 있는 젊은 여성 샘(Sam)이 있다. 샘으로 인해서 잭은 아내 샐리(Sally)와 헤어졌는데 그런 샘을 거리에서 우연히 마주치게 된 것이다. 어색하다. 하지만 자연스러움을 가장하며 잭은 게이브와 주디에게 샘을 소개한다. 샘은 자신을 트레이너(trainer) 겸 영양사(nutritionist)라고 소개한다. 잭은 샘이 요리를 아주 잘한다면서(a great cook) 그 자리에서

1992,
Drama/Indie film,
1H 48M

게이브와 주디를 집으로 데려가려 한다. 하지만 게이브는 어머니 핑계를 대며 초대를 거절한다. 샐리와 헤어진 후에 덩달아 게이브 부부와의 만남이 소원했던 상태였기 때문에 잭은 어떻게든 변명을 해보려 하지만 주디가 그 변명을 막는다. 그리고 주책스러운 샘의 꼽사리가 이어진다.

Judy: **I'd like to** pick up some decaf.
Sam: Oh, there's a great store. I need some ginseng.

주디: 여보, 나 디캐프로 커피 한 잔 마시고 싶은데요.
샘: 아, 끝내주는 가게 있어요.
저도 인삼차 한 잔 마셔야겠어요.

분위기 파악이 절대 안 되는 사람들이 있다. 그런데 하는 짓이 귀여워서 봐준다. 하지만 귀여운 것도 때와 장소가 있지...

I'd like to pick up some decaf.

"디캐프로 한 잔하고 싶은데."의 의미이다. I'd like to ~ 구문을 이용해서 상대에게 친절히 말하고 있다. 내 남편, 내 아내에게 항시 이 정도의 친절은 유지하는 것이 당연하지 싶다. pick up은 '~을 사다'의 의미로 쓰이고 있다. 이것

62

을 의역하면 '~을 사서 먹다'가 된다. decaf는 decaffeinated coffee 즉, '카페인이 없는 커피'를 줄여서 쓰는 어휘이다. 어느 나라나 이렇게 단어를 줄여서 말하는 버릇이 있다.

I need some ginseng.

"인삼차 한 잔이 필요해요."의 의미이다. 의역하자면 "인삼차 한 잔 지금 꼭 좀 마셔야겠다."가 된다. 동사 need가 '~을 꼭 할 필요가 있다', '~을 꼭 필요로 하다' 등의 의미를 전한다. 선택의 여지가 없이 그렇게 해야 된다는 것이며 선택의 여지가 없이 그게 꼭 필요하다는 강조의 의미이다. 마실 음료의 양을 특별히 정해야 할 경우는 그다지 많지 않다. 그럴 때는 뭉뚱그려 some으로 전한다.

⑤

1992,
Drama/Indie film,
IH 48M

I would like to
know what
you like and what
you don't.

결혼에 자유롭다. 이혼에 관대하다. 주위의 시선에 아랑곳하지 않는다. 그저 사람이 좋으면 같이 살고 사람이 싫으면 헤어진다. 잘못된 판단에 자유롭게 슬퍼하고 마음껏 제자리를 찾아 나선다. 그리고 후회없이 싸운다. 싸워서 쟁취한다. 그래도 빈자리가 생기면 끝없는 슬픔과 좌절로, 그리고 희망으로 채워 나간다. 그나마 사람이라는 이유로 이성의 끈을 놓지 않고 삶을 아슬아슬하게 통제해 나가는 우디 앨런의 자유로운 상상이 ‹Husband and Wives›에 흥미를 더한다.

게이브(Gabe)는 교수다. 학생인 레인(Rain)은 그를 흠모한다. 그리고 접근한다. 순진하기 짝이 없는 표정을 한 게이브는 성큼성큼 다가오는 레인에게 마음을 서서히 열어준다. 레인은 게이브의 소설 원고를 보고 싶어 한다. 망설이는 게이브...

1992,
Drama/Indie film,
1H 48M

Rain: **I would like to** know what you like and
what you don't.
Gabe: Let me think about it.

레인: 교수님이 무엇을 좋아하시는지,
그리고 무엇을 좋아하지 않으시는지를 알고 싶어요.
게이브: 생각 한번 해볼게요.

⑤

학생이 내 작품에 관심을 보인다. 그리고 내 작품으로부터
영향을 받고 싶어 한다. 최고의 학생이자 최고의 자극제이
다. 쉽게 밀쳐낼 수 없다. 이를 어쩐다…

I would like to know what you like and what you don't.

"교수님이 좋아하시는 것과 좋아하지 않으시는 것을 알고
싶어요."의 의미이다. I'd like to ~ 구문을 이용해서 현재의
간절한 마음을 전하고 있다. what you like는 '당신이 좋아
하는 것'의 뜻이다. 보기에는 단순하지만 직접 구사할 때
는 만만치 않은 표현이다. "좋아하는 걸 말해 봐."라고 말
한다면 Let me know what you like. 정도가 좋다.

Let me think about it.

66

"그것에 대해서 생각을 좀 해볼게."의 의미이다. Let me ~ 구문은 '내가 ~을 하도록 내버려 두다'가 직역이며 '~을 해볼게'가 의역이다. 사역동사(let) 뒤에 목적 보어로 동사원형을 쓰는 이유는 '지금 당장' 하겠다는 의미를 전하기 위해서이다.

⑤

1992,
Drama/Indie film,
1H 48M

Would you like to ~

상대에게 매우 정중하게 뭔가를 하겠냐고 묻는 질문이다.

가까운 사이에서는 사용하기 거의 힘든 말 중 하나이다. 여자를 소개받았다. 그렇다면 소개받은 여자에게 이 구문을 사용할 수 있을 법하다. 매우 정중해야 하므로. 격식을 중시하는 분위기에 휩쓸리게 되었다. 그렇다면야 뭐 이 표현 한번쯤은 사용하고 또 들을 수도 있겠다.

이 구문을 적재적소에 잘 활용하면 제대로 대우받을 수 있다. 하지만 어설프게 쓰면 따 당한다. "저게 나를 놀리나…," "쟤 지금 왜 저래? 나한테 빈정대는 거야?" 그렇다. 극존칭을 할 상황이 아닌데 해 버리면 놀리는 거로 오해받을 수도 있다. 밥 사주고 된통 뺨 맞는 꼴이다. 그것도 영문도 모른 채 말이다.

대화를 할수록 비키(Vicky)와 후안(Juan)은 서로에 대한 호감이 깊어 간다. 비키는 스페인 문화에 어릴 때부터 관심이 많았다. 특히 스페인 북동부 지방 카탈로니아의 문화에(show an interest in Catalan culture). 카탈로니아 최고의 건축가(architect)로는 카탈로니아 모더니즘(Catalan Modernism)의 최고 주창자(exponent)로 알려진 안토니 가우디(Antoni Gaudi)가 있다. 바르셀로나에 있는 사그라다 파밀리아 성당(La Sagrada Familia)이 그의 대표작이다. 비키는 가우디를, 그리고 그가 만든 교회를 몹시 좋아한다. 스페인 기타에도 호감을 갖고 있던 비키에게 후안은 기타 치는 곳으로 가자는 제안을 한다.

그런데 이 남자, 정말이지... 내 친구를 닮았다. 닮아도 너무 닮았다. 허해근. 내 친구 이름이다. 그래서 이 영화 보면서 깜짝 깜짝 놀란다.

69

Juan: **Would you like to** go to hear some wonderful
guitar tonight?
Vicky: Tonight? Well, it's a little late, and you know,
I'm a little wobbly from the wine.

후안: 정말 멋진 기타 연주 들으러 가시겠습니까, 오늘밤?
비키: 오늘밤에요? 지금 시간이 좀 늦었잖아요.
그리고, 와인을 마셔서 몸을 가누기가 좀 그러네요.

내일이면 오비에도를 떠난다. 아쉽다. 후안은 비키와 계속
시간을 보내고 싶어한다. 늦은 시간, 같이 기타를 감상하
러 가자는 후안의 제안에 비키는 망설이다가 결국 그 제안
을 받아들인다. 비키에게 후안의 진정성이 느껴진다. 비키
의 마음은…

Would you like to go to hear some wonderful
guitar tonight?

"오늘밤에 멋진 기타 연주 감상하러 가시겠습니까?"의 의
미이다. Would you like to ~? 구문이 쓰였다. 제대로 썼다.
지금 후안은 비키에게 매우 정중하다. 예의가 정말 깍듯하
다. 진심으로 이 여자에게 잘하고 싶다. 물론 속마음은 그

70

렇게 해서 이 여자와 어떻게 한번 해보겠다는 거겠지. 어쨌든 이 남자의 예의 바름에, 이 남자의 정성에 비키는 경계심을 완전히 풀게 된다. go to hear ~는 '가서 ~을 듣다', 또는 '~을 들으러 가다'로 해석한다.

It's a little late, and you know,
I'm a little wobbly from the wine.

It's a little late.는 "시간이 좀 늦었다."는 의미이다. 느닷없이 It이 주어로 나올 때는 '시간'이나 '날씨' 정도의 의미를 전한다. '시간'이라고 해서 무조건 time을 사용하지는 않는다. "시간이 너무 늦었어."는 It's too late.이다. wobbly는 '몸에 힘이 빠져서 균형을 잡을 수 없는 상태'를 뜻한다. 그렇게 만드는 '원인'은 전치사 from을 이용해서 설명한다. 따라서 I'm a little wobbly from the wine.은 "와인을 마셨더니 몸을 가누기가 약간 힘들다." 정도의 의미를 전한다.

　and you know는 말하는 도중에 나오는 '군소리'에 해당된다.

2008,
Drama/Comedy-drama,
1H 37M

I know this is gonna sound a bit weird,

but would you
like to go to
the opera
tomorrow night?

2005,
Drama/Crime,
2H 6M

테니스 코치 크리스(Chris)와 그의 첫 수강생 톰(Tom)이
테니스 클럽에서 첫 만남을 갖는다. 연습 후 클럽 내 야외
휴게소에서 두 사람은 맥주를 마시며 대화를 나눈다. 크
리스는 오페라에 관심을 보인다. 이에 톰은 살짝 놀라며
오페라 구경을 하러 함께 가자는 제안을 하는데...

Tom: I know this is gonna sound a bit weird,
but **would you like to** go to the opera
tomorrow night?

톰: 좀 이상하게 들릴지는 모르겠지만 내일 밤에
오페라 보러 가실래요?

오기로 예정되어 있던 사람이 사정이 생겨서 올 수 없는
상황이었던 것이다. 괜히 부담(imposition)주는 거 아니냐
며 사양하는 척하는 크리스에게 톰은 적극적으로 참석을

74

권한다. 상류사회로의 입성, 그 첫 단추가 잘 끼워지고 있다. 아주 잘.

Would you like to go to the opera tomorrow night?

"내일 밤에 오페라 보러 가시겠어요?"의 의미이다. Would you like to ~? 구문이 쓰였다. 코치와 제자 사이이다. 처음 만났다. 한쪽은 사회적으로 높은 자리에 있고 다른 한쪽은 그쪽 세상을 동경하고 있다. 두 사람 사이에 흐르는 정중함과 두터운 벽은 말 자체에 정중함이 묻어나게 한다. '오페라를 보러 가다'는 go to the opera이다. 참 쉽다.

This is gonna sound a bit weird.

"이게 분명히 좀 이상하게 들릴 겁니다."의 의미이다. will이 나오면 반드시 그 비교 대상으로 be going to가 등장한다. be gonna는 be going to를 발음나는 대로 표기한 것이다. be going to와 will의 차이는 이렇다. 현재를 출발선상으로 보았을 때 그 선상에서 미래를 말하는 것은 will이다. 하지만 마음이 이미 출발선상을 넘어서서 앞으로 향하고 있다는 느낌을 주는 것이 be going to이다. to 부정사에 will의 의미가 포함되어 있으며 그 미래의 행위를 이루기

75

위하여 이미 '마음이 출발한 상태'가 be going이기 때문이다. 그것이 계획에 의한 것이든 자연스럽게 일어날 일이든 둘 다 확실한 미래임에는 틀림 없다. 단지 차이가 있다면 이미 마음이 떠난 상태인 be going to가 will보다는 시기적으로 가까운 미래에 해당되며 그렇기 때문에 좀 더 단정적이고 분명한 미래의 느낌을 준다. 따라서, 본문은 "이것이 당장은 좀 이상하게 들릴 것이다."로 이해한다.

이제 크리스(Chris)는 톰(Tom)과 친구 관계가 되었다. 톰의 누나 클로이(Chloe)도 알게 되었다. 클로이는 크리스에게 급 호감을 갖고 둘은 데이트를 시작한다. 톰과 클로이의 가족모임에 초대된 크리스. 크리스는 집안을 어슬렁거리다가 탁구를 치고 있는 놀라(Nola)를 우연히 만나게 된다. 놀라는 크리스에게 도발적으로 탁구 한 게임을 제안한다. 둘의 첫 만남. 미래가 기대된다. 이 둘의 만남이 이 영화를 지배할 것이다. 그냥 딱 봐도 알겠다. 둘의 표정과 몸놀림이 예사롭지 않다. 그런 거지 뭐.

Chris: I haven't played table tennis in quite a while.

Nola: **Would you like to** play for a thousand pounds a game?

크리스: 제가 탁구를 친 지 꽤 오래됐습니다.

76

놀라: 한 게임에 1,000파운드 걸고 해볼까요?

이 여자, 표정과 행동이 남다르다. 과감하고 거칠 것 없는 행동의 소유자인 크리스와 어딘가 공통점이 느껴진다. 첫 만남에 두 사람은 탁구를 매개로 가벼운 신체 접촉을 한다. 자연스럽다. 두 사람은 아직 통성명도 하지 않았다. 알고 보니 놀라는 톰의 약혼자였다. 일 났네, 일 났어.

Would you like to play
for a thousand pounds a game?

"한 게임에 1,000파운드 걸고 한번 해보시겠습니까?"의 의미이다. Would you like to ~? 구문이 사용되었다. 첫 만남이라서 매우 정중하게 말한다. 분위기는 마냥 정중하지만은 않다. 매우 도발적이다. 정중함 속에 찐하게 담긴 도발. play for a thousand pounds a game은 '한 게임에 1,000파운드를 걸다'의 의미이다. 돈을 걸고 해보자는 이야기이다.

I haven't played table tennis in quite a while.

"제가 상당히 오랫동안 탁구를 치지 않았습니다."의 의미이다. 현재 완료는 과거에 있었던 일이나 상황이 현재까지

77

영향력을 갖고 있을 때 사용한다. 부정문일 때 '~동안'의 의
미로 for 대신에 in을 사용하는 것이 원칙이다.

Would you like to know how that feels?

Midnight in Paris

시간 여행. 과거로 돌아간다. 그것도 내가 태어나기 훨씬 이전으로. 그게 가능하다고? 아무렴. 소설책을 읽는 거다. 1920년대를 배경으로 쓴 소설책. 그 책에 몰입하면 나는 1920년대에 살 수 있다. 잠시나마. 그게 다가 아니네. 영화를 본다. 소설보다 훨씬 쉽게 몰입이 가능한 듯하다. 그래서 영화다. 아, 저들은 저렇게 살았구나. 내가 아는 그 인물은 저렇게 묘사되는구나...

2010년 우디 앨런은 주인공 길(Gil)을 시간 여행 시킨다. 1920년대, 파리(Paris)로. 현실과 과거로 몇 번의 시간 여행을 통해서 길은 과거 유명인들과의 만남에 점점 익숙해져 간다. 길은 파티 장소에서 피카소의 여인 아드리아나(Adriana), 그리고 헤밍웨이(Hemingway)를 만나 대화를 나눈다. 헤밍웨이는 아드리아나에게 관심이 있지만 그녀가 피카소를 선택한 사실(she's chosen Picasso)이 아쉽기만 하다. 헤밍웨이는 피카소의 여성관을 그다지 좋아하지 않는다. 여자를 그저 잠자리의 대상(women are only to sleep

Midnight in Paris

with), 그리고 그림의 대상(only to paint)으로만 본다며 그를 뒷담화 속으로 끌어들여 욕보인다. 술을 마신 김에 마구 던지는 말들이다. 아드리아나는 헤밍웨이에게 묻는다. 당신은 여자를 어떻게 생각하는데요?

Hemingway: I think a woman is equal to a man in courage. Have you ever shot a charging lion?
Adriana: Never.
Hemingway: **Would you like to** know how that feels?

⑥

헤밍웨이: 나는 여성이 용기 면에 있어서 남자와 동등하고 생각합니다. 달려드는 사자에게 총을 한번이라도 쏴 본 적 있어요?
아드리아나: 절대 없죠.
헤밍웨이: 그게 어떤 느낌인지 알고 싶어요?

술, 술, 술... 헤밍웨이 당신도 술을 마시면 다르지 않군. 매우 다르지 않군. 할 소리 안 할 소리 마구 지껄인다. 아드리아나가 자신이 아닌 피카소를 선택한 게 짜증난 거다. 그에게서 아드리아나를 뺏고 싶다. 그런데 이거 대화의 맥락이 말이지... 사자에게 총 쏘는 느낌? 글쎄... 여자에게 할 말은 아닌 것 같은데... 게다가 사냥을 한 번도 해 본 적이

81

2011,
Fantasy/Romance,
1H 40M

없는 아드리아나에게...

Would you like to know how that feels?

"그게 어떤 느낌인지 알고 싶어요?"의 의미이다. Would you like to ~? 구문의 활용이다. 아무리 술에 취한 상태라도 여성에게, 그리고 동료를 사랑하는 여성에게 정중함을 잃지 않는다. 이 문장에서는 또한 how that feels가 중요하다. "그 느낌이 어떤데?"라고 의문문으로 묻는다면 How does that feel?이 된다. 이 의문문이 know의 목적으로 들어가서 '그 느낌이 어떤지'로 바뀌면 그 형태는 know how that feels로 바뀌는 것이다. 형태가 바뀌면 까다롭다. 익숙하지 않아서 그렇다. 언어라는 게 그런 거다. 자주 보고 듣고 읽고 연습하면 된다. 단순하다.

I think a woman is equal to a man in courage.

"나는 여성이 용기 면에 있어서는 남자와 동등하다고 생각한다."의 의미이다. be equal to ~는 '~와 동등하다'의 의미이다. in courage는 '용기에 있어서'의 뜻이다. 전치사 in이 '~의 범위 안에서'의 뜻으로 쓰이고 있다. 전치사의 의미 이해는 문장을 정확히 이해하고 구사하는 데 절대적인

82

영향을 미친다.

Have you ever shot a charging lion?

"달려드는 사자를 총으로 쏴 본 적 있어요?"의 의미이다.
현재 완료가 쓰였다. 과거의 경험을 묻는 것이다. 부사 ever
는 '한 번이라도'의 의미를 전한다. '총을 쏘다'의 의미를 갖
는 shoot의 3단 변화는 shoot-shot-shot이다. 동사 charge의
의미 중에는 '돌격하다', '공격하다' 등이 있다. 여기에서 파
생된 charging이 '돌격하는', '공격하는'을 뜻하는 형용사로
쓰이는 것이다.

⑥

뉴욕 맨해튼 금융가(Financial District)에 위치한 보울
링 그린 공원(Bowling Green) 안에 서 있는 청동조각상
(bronze sculpture)이 있다. Charging Bull이다. '돌격하는
황소'다. 1987년 주식시장붕괴(stock market crash) 이후에
미국인의 힘을 상징하기 위해서 만들어졌다. 뉴욕 맨해튼
을 찾는 사람은 이 황소 앞에서 사진 찍는 게 일이다, 일.

2011,
Fantasy/Romance,
1H 40M

가정과 조건

if 때문에 혼동되는 거다. 하나도 어려울 것 없다.

조건문에는 별다른 감정의 노출이 필요하지 않다. If 절은 '~라면', 그리고 '~이 아니라면' 이 정도가 다다. 주절은 '~이다'가 해석의 전부이다. 조건에 대한 직설적인 결론일 뿐이다. 결국 '~라면 …이다'가 조건문 해석의 전부이다. 조건문은 if 절을 생략하고 주절만 적으면 그것이 조건문인지를 전혀 알 수 없다. 따라서 조건문에서는 조건절, 즉 if 절이 절대적이다.

가정은 비현실적이다. 가정은 이루어질 수 없는 것, 또는 가능성이 희박한 일에 대한 원망과 소망의 복합이다. 원망과 소망은 감정이다. 그리고 그 감정을 담는 내용은 if 절이 아니라 주절에 등장한다. 그리고 그 감정은 조동사 would, could, should 등을 이용해서 표현한다. 따라서 가정법에서는 주절이 절대적이다. if 절은 없어도 상관없다. 주절이 없으면 절대 가정법이 성립되지 않는다. 바꾸어 말하면 if 절이 없고 주절만 있어도 그것이 가정법인지 한눈에 알 수 있다. 조동사 때문이다.

　가정은 촉촉하다. 가정에는 감정이 살아 있다. 가정법 과거에서는 if절의 동사는 물론이고 주절에 쓰이는 조동사의 시제가 과거형이다. 이루어질 수 없는 일이거나 가능성이 희박한 일은 결국 과거의 일이다. 그래서 과거형이 등장하는 거다. 하지만 그 의미는 지금 현재 그런 일이 다시 일어나면 나는 과거처럼 행하지 않고 그와 반대되는 행위를 할 것이라는 거다. 그래서 가정법 과거는 현재 사실의 반대라고 말하게 된다. 그리고 현재 사실의 반대를 예로 들면서 결국 미래에 어떻게 하겠다는 것이므로 가정법 과거는 미래의 의미를 자연스럽게 포함한다. 결국 가정법 과거에는 의미상 과거, 현재, 미래 모든 시제가 포함되는 것이다.

1969년에 발표된 우디 앨런의 마큐멘터리(mockumen-tary)식 코미디 영화이다. 마큐멘터리란 사실 보도 속에 픽션 요소를 가미한 기록물을 의미한다. 이 영화는 주인공 버질(Virgil)의 이야기를 다큐멘터리 스타일로 보여주며 그를 잘 알고 있는 사람들과 인터뷰하는 장면들이 삽입되어 재미를 더해준다. 버질은 어린 나이부터 힘센 아이들(bullies)에게 괴롭힘을 당하다가 범죄자로서의 삶(a life of crime)을 시작한다. 하지만 성인이 된 그는 행동이나 말투가 어눌하고(inept), 운도 잘 따라주지 않아서(unlucky) 여느 범죄자들과는 사뭇 다른 늘 측은한 범죄자이다. 아니, 그냥 범죄자 취급을 받을 뿐이다.

버질의 삶을 조명하기 위해서 그의 부모와 인터뷰하는 장면이다. 부모는 버질의 범죄 경력이 창피하고 부끄러워서 변장을 한 상태로 인터뷰에 응한다. 어머니는 끝까지 버질이 착하고 똑똑한 아이라고 주장하지만 아버지의 생각은 다르다. 쓰레기란다. 자기 아들이. 생각과 마음을 드

86

러내는 방법은 어머니와 아버지가 다르다. 달라도 심하게 다르다. 얼굴에 가면을 쓰고 인터뷰하는 부모의 모습이 웃긴다. 되게 웃긴다.

Mom: He was a good boy.
Dad: Oh, come on. **If he was a good boy,**
why are we wearing these? He's rotten!
He's a gangster, that's what he is.

엄마: 걔는 착한 애였어.
아빠: 이 사람, 왜 이래 정말. 걔가 만일 착한 아이였으면 우리가 왜 지금 우리가 이 꼴로 변장을 하고 있는 건데? 걔는 쓰레기예요! 깡패 새끼라고요. 그게 걔예요.

⑧

깡패. 좀 심하다. 자식이 아무리 깡패 짓을 하며 돌아다닌다기로서니 내 자식인데... 자식을 바라보는 시각이 너무도 객관적이다. 온전히 제삼자의 시각이다. 어머니는... 절대 객관적일 수 없다. 그래서 어머니다. 울 어머니...

If he was a good boy, why are we wearing these?

"걔가 착한 애였으면 우리가 왜 지금 이런 변장을 하고 있

1969,
Parody film/Crime,
1H 25M

는 건데?"의 의미이다. 앞서 엄마는 이미 버질에 대해서 be 동사의 과거 시제(was)를 이용하여 단정적으로 과거의 사실을 말했다. "버질은 착한 애였다.(He was a good boy.)"라고. 이 말에 대해서 아버지는 가정이 아니라 조건을 건다. '그래 걔가 과거에 착한 애였으면'이라고. 그러면서 If he was a good boy라고 말한다. 그냥 '그 사실이 정말이었다면…'이라는 조건을 말한 것이다. 소망이나 안타까움이 아니라 단순한 조건이다. 주절을 보자. "우리가 지금 왜 이런 걸 걸치고 있는데?"이다. why are we wearing these? 그저 사실 표현이다. 표현 자체에 감정이 들어 있지 않다. 그리고 would/could/should가 보이지 않는다. 그런데 우리말로 해석하면 조건과 가정이 똑같게 느껴진다. 그래서 그 둘을 우리는 즐겨 혼동하는 거다. 조건문인 본문에서 if절을 빼면 이렇다. Why are we wearing these? 그 뜻은 "우리가 왜 이걸 걸치고 있는 거지?"이다. 그냥 독립 문장이다. 조건문의 흔적이 전혀 남아 있지 않다. 그렇다. 조건문에서는 if절이 반드시 필요하다.

He's rotten!

"걔는 썩었어. 형편없다고."의 의미이다. 형용사 rotten은 '썩은 상태'이며 '쓰레기 같은 상태'를 의미한다. 음식이

Take the Money and Run

rotten의 상태이면 '썩은' 것이고 오늘 지낸 하루가 rotten이면 '끔찍한', 또는 '정말 재수 없는' 상태이다. 건강이 rotten이면 '몸이 안 좋은' 것이며 사람이 rotten의 상태이면 '정신 상태나 행동이 도덕적으로, 또는 정신적으로 엉망인 상태' 즉, '쓰레기 같은 상태'임을 말한다.

That's what he is.

"그게 걔야."의 의미이다. 만일 What is he?라고 묻는다면 "쟤 도대체 뭐 하는 놈이야?", "그 사람 어떤 사람이야?" 등의 의미를 전한다. 그래서 That's what he is.라고 하면 "그게 걔야." 즉, "걔가 바로 그런 애야." 정도의 의미를 전한다.

⑧

1969,
Parody film/Crime,
1H 25M

버질(Virgil)은 제대로 저지르는 범죄도 변변치 않다. 그러
면서 그냥 범죄자이다. 오늘도 먹을 게 없어서, 돈이 없어
서, 여기저기 기웃거리다가 별 소득도 올리지 못한 상태이
다. 공원을 걷는다. 한 아가씨가 그림을 그리고 있는데 바
로 옆에 가방을 두고 있다. 그 가방을 훔치러 어설프게 다
가갔다가 바로 들켜버리고 만다. 하지만 이 여자는 버질의
의도를 전혀 모르고 단순히 자기 그림을 보러 온 줄로만
안다. 그러면서 쑥스러운 듯 자신은 그림을 별로 잘 그리
지 못한다(I'm not very good.)고 말한다.

Virgil: Uh, I was strolling down here just now
and noticed that you were drawing something.
Louise: You can look at it, **if you want.**

버질: 방금 여기를 산책하다가
그쪽이 뭔가를 그리고 있는 걸 본 거예요.

Take the Money and Run

루이즈: 보셔도 돼요, 원하신다면요.

루이즈의 겸손과는 달리 버질의 눈에는 그녀의 그림이 좋아 보인다. 이 정도 그림이면 충분히 돈을 벌 수 있을 것 같기도 하다. 하기야 뭐 지금 버질의 눈에는 뭐든 돈으로 보이겠지만. 두 사람 다 말투나 행동이 어눌하다. 둘이 죽이 잘 맞을 듯. 여자가 먼저 버질에게 호감이 간 듯하다. 버질의 입장에서는 이런 여자면 참 좋겠다. 우직하게 뒷바라지 해주는 여자.

You can look at it, if you want.

"보셔도 돼요. 원하신다면요."의 의미이다. if you want, 조건이다. 사실 상대가 지금 얼마든지 원할 수 있는 일 아닌가? 그래서 조건이다. 그리고 보라고 허락한다. "그럴 수 있을텐데… "가 아니라 그냥 "그렇게 해도 돼요."라고 바로 직설적으로 허락해 버린다. You can look at it.이다. '허락'을 의미하는 조동사 can이 쓰였다.

I was strolling down here just now and noticed that you were drawing something.

1969,
Parody film/Crime,
1H 25M

"지금 이곳으로 와서 산책하다가 당신이 뭔가를 그리고 있는 걸 봤어요."의 의미이다. stroll은 '걷다', '산책하다' 등의 뜻이며 stroll down here는 '이쪽으로 걷다'가 된다. down을 꼭 '아래로'라고 하지 않아도 된다. 방향상의 아래쪽이지 높낮이에 의한 아래가 아니기 때문이다. notice는 '~을 보다', '~을 알아채다', '~을 눈치채다' 등으로 이해한다.

⑧

Take the Money and Run

I know, but if you drop out, you will be throwing away your whole future.

Blue Jasmine

재스민이 결혼할 때 남편에게는 아들이 있었다. 아버지를 닮아서 머리가 좋다. 하버드에 들어갔다. 아들은 친구들에게 아버지 자랑을 엄청 하면서 다녔다(brag to everyone about his father). 그런데 그 아버지가 사기꾼이다(He's such a phony). 아들은 말로 다할 수 없는 배신감에 정신을 차릴 수가 없다. 새어머니 재스민도 아버지의 사기 행각에 연루되었을 것이라는(complicit in his crimes) 근거 없는 확신을 갖는다. 학교를 자퇴하겠단다(drop out of Harvard). 하버드를? 배 많이 불렀다. 그리고 재스민과의 관계 단절을 선언하고(cut himself completely from Jasmine) 집을 나서려는데…

Danny: It's too humiliating.
He is a sleazy criminal.
Jasmine: I know, but **if you drop out**, you will be
throwing away your whole future.

94

대니: 너무 쪽팔려서 못 살겠어요.

아버지는 추잡한 범죄자예요.

재스민: 알아, 하지만 네가 지금 자퇴하면 넌 분명히

네 미래를 송두리째 날려 버리는 거야.

새어머니가 아무리 기를 쓰고 말려도 이건 안된다. 사춘기 돌출보다 더 무서운 배신감의 공습. 그건 참 어떻게 막을 길이 없다. 배신감에서 벗어나는 길은 시간... 아니 시간도 막지 못한다.

> If you drop out, you will be throwing away
> your whole future.

"네가 지금 학교를 그만두면, 너는 네 미래를 통째로 날리게 되는 거야."의 의미이다. if 절이다. 그냥 단적인 말이다. '지금 이러면 나중에는 결국 이렇게 될 것이다,' 이게 다. 조건에 의한 단정과 결론. 조건문의 특징이다.

　You will be throwing away ~에는 미래 진행(will be ~ing)이 쓰였다. 미래 진행은 확실한 미래의 의미를 전한다. '너는 확실히 ~을 하고 있을 것이다', '너는 분명히 ~을 하게 될 것이다' 등으로 해석된다. throw away는 '~을 버리다'의 뜻이다. 따라서 throw away your whole future는 '너

95

2013,
Comedy-drama/Drama,
1H 38M

의 미래를 송두리째 날려 버리다'로 이해한다.

It's too humiliating.

"그건 너무 쪽팔리는 일이야."의 의미이다. 동사 humiliate 는 '~에게 굴욕감을 주다', '~을 창피하게 만들다' 등의 의 미를 갖는 타동사이며 humiliating은 현재 분사형 형용사 로서 '남에게 굴욕감을 주는', '남에게 창피를 주는' 등으 로 해석한다. 부사 too는 부정적인 의미를 전한다. 따라서 긍정적인 의미의 형용사 앞에는 절대 쓰이지 않는다.

He is a sleazy criminal.

"그는 추잡한 범죄자예요."의 의미이다. 형용사 sleazy는 '부정한 행위와 연관되어 추잡하고 저질스러운'의 뜻이며 criminal 은 '범죄자'이다. 따라서 sleazy criminal은 '추잡한 범죄자'이다.

Blue Jasmine

VIRGIL

I did not rob a bank. If I robbed a bank, everything would be great.

97

Take the Money and Run

은행털이 실패. 교도소행(sent to prison). 10년형 선고 (sentenced to 10 years in prison). 교도소 생활에 적응. 모범수로 등극. 추카추카. 루이즈(Louise) 생각 간절. 느닷없는 루이즈의 면회. 거짓말 완전 들통. 통째로 들통. 하지만 우리의 루이즈는… 전 당신을 사랑하잖아요. Love is blind. 거짓말, 그게 무슨 대수겠어요. 당신이 살인자라도 전 상관없어요. 당신의 이름 석 자만으로도 저는 세상을 살아갈 수 있어요. 기다리라면 기다릴게요. 아니, 기다리지 말라 해도 기다릴게요. 이건 뭐…

갑작스레 증발해 버린 버질의 행방을 알 도리가 없는 루이즈는 하숙집 주인(landlady)을 통해서 버질이 교도소에 있다는 사실을 알게 된다. 그리고 버질이 은행을 털었다(rob a bank)는 소식을 전해 들었다. 루이즈는 그 사실을 버질의 입을 통해서 직접 확인하고 싶다. 당신이 정말 은행을 털었어요? 그게 사실이에요?

Take the Money and Run

Louise: Virgil, did you rob a bank?

Virgil: I did not rob a bank. **If I robbed a bank, everything would be great.**

루이즈: 버질, 은행을 털었어요?

버질: 털긴, 무슨. 은행 털었으면 모든 일이 다 잘 풀렸지.

그러게. 은행을 제대로 털었으면 잡히지 않고 지금 떵떵거리면서 잘 살고 있겠지. 털다가 잡혔으면 턴 게 아니지. 사실 뭐 털기도 전에 잡혔으니 할 말도 없지만. 두 사람 대화가 참 공허하다.

If I robbed a bank, everything would be great.

"내가 은행을 털었으면, 모든 게 다 좋아졌을 거야."의 의미이다. 가정법을 가장한 조건이다. 지금 전체 시제가 과거다. 과거의 사실을 놓고 얘기하는 거다. 루이즈가 묻는다. Did you rob a bank? 과거에 은행을 털었냐고 묻는다. I did not rob a bank. 털지 않았단다. 거기에다가 조건을 붙인다. If I robbed a bank, 내가 그때 털었으면, everything would be great, 모든 게 다 멋지게 풀렸을 거야, 이 뜻이다. 이 문장을 과거가 아닌 현재에 일어나는 상황으로 바꿔 보자.

1969,
Parody film/Crime,
1H 25M

If I rob a bank, everything will be great.이다. 그 뜻은 "내가 지금 은행을 털면 모든 게 다 잘 풀릴 거야." 그냥 조건이다. 조건에 의한 결과이다. 이 현재 상황의 문장이 그냥 과거 시제로 바뀌어서 rob가 robbed로, will이 would로 바뀐 것뿐이다. 이게 만일 과거의 시제를 전제로 하지 않고 지금의 소망을 말하는 경우라면 즉, did you rob a bank, I did not rob a bank 등의 문장이 없는 상태에서 내가 현재 나 자신의 경제 상황을 한탄하면서 If I robbed a bank, everything would be great.라고 말했다면 그건 가정법이 된다. 그러면 "내가 만일 은행을 턴다면 모든 게 다 술술 잘 풀릴 텐데 말이야."로 해석한다.

⑧

Take the Money and Run

If I told my boyfriend that story, he would go to the guy's office and break every bone in his body.

Blue Jasmine

성추행. sexual harassment. 성추행을 행하는 자들은 도대체 왜 그게 그렇게 좋은 걸까... 정신 이상 그 이상의 뭔가가 존재하는 걸까?

남편의 울타리 안에서 행복하기만 했던 재스민은 남편의 배신에, 그의 죽음에 충격이 크다. 이후, 재스민은 인테리어 디자이너(interior designer)가 되고 싶어서 온라인 코스를 밟으려 한다. 하지만 컴퓨터를 제대로 다룰 줄 모른다(have no computer skills). 그래서 컴퓨터 수업을 듣는다. 한편, 재스민은 수입이 없는 상태이기에 한 치과의 접수 담당자로 일하게 된다. 그런데 의사의 성추행으로 인해서 그마저도 그만두게 된다. 재스민은 컴퓨터를 같이 배우는 동료에게 성추행 사실을 털어놓는다.

Sharon: **I'd have** that dentist reported. **If I told** my boyfriend that story, he **would go** to the guy's office and break every bone in his body.

102

Blue Jasmine

섀런: 나 같으면 그 치과 의사를 신고해 버릴 텐데.
내가 내 애인한테 그 얘기를 하면 그이는 아마 그 새끼
사무실로 가서 온 몸의 뼈를 다 요절내 버릴 거야.

I'd have that dentist reported.

"나 같으면 그 치과 의사 신고할 텐데."의 의미이다. 가정법
이다. 아쉽다. 안타깝다. 짜증난다. 사역동사 have가 쓰였
다. '~을 설득하다', '~에게 명령하다', '~하게 만들다' 등의
의미를 포함한다. report는 '~을 신고하다'이며 be reported
는 '신고 당하다'이다. have that dentist reported는 have
that dentist be reported에서 be가 생략된 형태이다. 이것을
직역하면 '그 치과 의사가 신고되도록 만들다'이며 '그 치
과 의사를 신고하다'로 의역한다. 여기에 would가 추가되
어 '신고할 텐데'의 아쉬움이 담긴다. if 절(If I were you)이
생략된 완벽한 가정법이다.

If I told my boyfriend that story, he would go to the
guy's office and break every bone in his body.

"내 남자친구에게 그 얘기를 하면 아마 그 새끼 사무실로
당장 가서 몸에 붙은 뼈란 뼈는 다 아작내 버릴 텐데."의

2013,
Comedy-drama/Drama,
1H 38M

의미이다. 가정법이다. 그게 지금 현실이 아닌 게 아쉽고 안타깝다. 당장이라도 남자친구에게 그 말을 하고 싶다. 그럴 수만 있다면. 그러면 내 남자친구는 당장이라도 그 새끼한테 달려가서 박살을 내버릴 텐데 말이다. 아, 정말 아쉽다. break every bone in his body 참 마음에 드는 표현이다. 성추행 하는 놈들은 이 정도는 해줘야 한다. '아작내다'. 우리말 참 탐난다.

　만일 If I tell my boyfriend that story, he will go to the guy's office and break every bone in his body.라고 말하면 어떻게 뜻이 변할까? "내가 내 남자친구한테 지금 그 얘기하면, 걔는 당장 그 새끼 사무실로 달려가서 온 몸의 뼈를 아작내 버릴 거야." 사실에 입각한 직설적인 표현이다.

Blue Jasmine

재스민(Jasmine)의 동생 진저(Ginger)는 거리에서 누군가와 키스를 하는 재스민의 남편 할(Hal)을 목격한다. 파티 장소에서 진저는 할과 함께 서서 다정히 대화를 나누고 있는 그녀를 가리키며 그녀에 대해 재스민에게 묻는다. 두 사람이 바람피우고 있는 사실을 전혀 눈치채지 못하는 재스민은 그녀에 대해 설명한다. 이름은 레일린(Raylene). 요가 수업에서 만났는데 아주 가까운 친구란다(a very close friend). 모델 에이전시를 운영한다(runs a modeling agency). 두 사람 사이를 조심하라는 진저의 충고에 재스민은 할은 이 여자 저 여자 만나고 다니는 타입(the roving type)이 아니라며 웃어넘긴다(laugh it off). 그리고 진저에게 의심이 많다며(a suspicious one) 맘 편히 파티를 즐기라고 권한다. 진저는 마음이 불편하다. 파티가 끝나고 집으로 돌아온 진저는 남편 오기(Augie)에게 돌려 묻는다.

Ginger: **If** you **saw** your friend's wife kissing another guy,

2013,
Comedy-drama/Drama,
1H 38M

would you **tell** your friend?

Augie: I **would tell** him, because that's what a friend's for.

진저: 당신은 당신 친구의 아내가 다른 남자와 키스하는 걸 보면 친구에게 말해 주겠어?

오기: 말하겠지, 친구란 건 그런 거잖아.

어차피 언니도 알게 되겠지만 동생 진저는 대낮에 길거리에서 과감하게 키스를 나눌 정도로 진한 관계인 개 같은 형부와 가증스러운 그 미친년 생각에 속이 타고 짜증이 난다. 당장 언니에게 말해주고 싶지만, 남편에 대한 언니의 철석같은 믿음에 대항하기가 당장은 쉽지 않다.

If you saw your friend's wife kissing another guy, would you tell your friend?

"당신이 당신 친구의 아내가 다른 놈과 키스하고 있는 모습을 보면 당신 친구에게 말해 주겠어?"의 의미이다. 가정법이다. 단순한 조건이 아니다. 그건 정말 현실적으로 있을 수 없는 일이라고 가정한 상태에서 말하는 거다. 현실적으로 있어서는 안 되는 일이라고 가정한 상태에서 말하는 거다. 자기는 실제로 형부의 짓거리를 과거에 이미 목격했지만 그건 혼자만 알고 있는 사실이니 지금 당장은 일

106

단 질문의 대상에서 지우고 그와 무관하게, 지금 당장 말도 안 되는 그런 일이 일어난다면 당신은 어떻게 하겠냐는 질문을 남편에게 하는 것이다.

see your friend's wife kissing another guy에서는 지각 동사 see와 목적 보어 kissing이 눈에 띈다. 현재 분사가 see의 목적 보어로 쓰일 때는 '진행되는 동작'을 본 것이다. 또한 그 동작을 강조해서 말하는 것이다. 동사 tell은 단순히 '말하다'가 아니라 '어떤 사실을 전해 주다'의 의미이다. 대화가 아닌 '전달'의 의미임을 기억한다.

That's what a friend's for.

"그게 바로 친구 좋다는 거지."의 의미이다. 직역하면 "그것은 친구가 무엇 때문에 존재하는가이다."가 된다. 보통은 복수 형태를 써서 That's what friends are for.라고 한다. 따라서 "친구 좋다는 게 뭐니?"는 What are friends for? 라고 보통 말한다.

would/could/should + have + 과거 분사

대화하다 보면 가정법 과거를 이용하여 현재의 일을 가정하는 것만으로 끝나지는 않는다. 과거의 일을 가정해야 하는 경우도 심심치 않게 등장한다. 그럴 때 가정법 과거완료를 쓴다.

가정법 과거가 현재 사실에 대한 아쉬움, 원망을 과거로 돌려서 말하는 것이라면 가정법 과거완료는 과거 사실에 대해 아쉬움을 과거완료로 돌려서 말하는 것이다. 가정법 과거에서와 마찬가지로 would/could/should 등의 조동사가 주절에 쓰인다. 형태는 if절의 경우, 과거 완료 형태(had + 과거 분사)를 갖추고 주절에서는 ‹would/could/should + have + 과거 분사›를 쓴다. 가정법 과거와 마찬가지로 if절이 없어도 주절만으로 그것이 가정법 과거완료임을 확연히 알 수 있다.

가정법 과거완료의 해석은 '만일 ~였다면, 진작에 ~이었을 텐데', '만일 ~했다면, 진작에 ~을 했을 텐데' 등이 된다.

1986년에 발표된 코미디 드라마이다. 추수감사절 저녁 식사로 시작하여 2년 후 역시 추수감사절 저녁 식사로 마무리되는 2년간에 걸친 대가족 사이에서의 얽히고설킨 사랑 이야기다.

우디 앨런이 각본을 쓰고 감독한 영화이며 그의 최고 히트작 중의 하나이다. 아카데미 각본상과 함께 최우수 남우조연상과 여우조연상을 수상한 작품이기도 하다. 그의 여느 영화처럼 우디 앨런이 주인공 중의 한 명으로 직접 출연한다.

하나(Hannah)의 남편 엘리엇(Elliot)은 하나의 막냇동생 리(Lee)와 바람을 피운다. 리는 자신보다 나이가 훨씬 많은 은둔 화가인 프레더릭(Frederick)과 5년째 살고 있다. 엘리엇과 관계를 맺은 후 그녀는 진정한 사랑의 감정을 느끼고 프레더릭에게 작별을 고한다. 그리고 엘리엇에게 새벽에 전화하여 말한다.

Hannah and Her Sisters

Lee: I would have hung up if you hadn't answered and
I won't do this again, but I just had to tell you. I feel very
close to you tonight. Very, very close. Good night.

리: 형부가 전화를 받지 않았으면 그냥 끊었을 거예요.
다시는 이 새벽에 전화하지 않을게요. 하지만 오늘
꼭 말씀을 드렸어야 해서요. 오늘밤 형부가 정말 가깝게
느껴져요. 아주, 아주 많이요. 안녕히 주무세요.

5년 동안 프레더릭과 살았던 것은 사랑 때문이 아니었다.
그와 함께 있으면 인생을 배울 수 있었기 때문이었다. 그
러면서 자신이 조금씩 성숙해지고 있다는 느낌이 들어서
였다. 인생의 동반자라기보다는 인생의 멘토로서 같이 발
맞추어 간다는 생각이었다. 하지만 사랑이 바탕이 아닌 만
남은 한시적이다. 리에 대한 사랑보다는 소유에 집착했던
프레더릭도 본능적으로 이별을 직감하고 있었다. 당혹스
러웠지만 싫지 않았던 형부의 접근에 마음을 열어버린 리
는 형부와 관계를 맺고 완전히 변해 버린다. 형부를 사랑
해 버린다. 한 번의 관계에 변화의 중심이 점화되었다.

I would have hung up if you hadn't answered.

Hannah and Her Sister

"당신이 전화를 받지 않았으면 그냥 끊었을 거예요."의 의미이다. 과거 사실의 반대를 던지며 가정한다. 가정법 과거완료이다. 당신이 전화를 받았다. 하지만 당신이 전화를 받지 않고 다른 사람이 받았다면 그냥 끊었을 거다. 아쉬운 마음에, 안타까운 마음에, 아마 그랬을 거다. 그런데 당신이 받아서 얼마나 다행인지 모르겠다. 가정법에는 스토리가 있다. 절박한 감정이 있다. 언어 표현은 감정의 표현이다. 감정 중에서 절정은 애틋함이다. 애틋함은 사랑의 토대 위에 선다. 삶을 지배하는 가장 처절한 감정은 후회다. 후회는 지금의 나를, 미래의 나를 옥죄는 마력을 지닌다. 가정법 안에는 그런 감정의 폭과 깊이가 고스란히 자리한다.

hang up은 '전화를 끊다'의 의미이며 answer는 '전화를 받다'의 뜻으로 쓰이고 있다. hang의 3단 변화는 hang-hung-hung이다.

I won't do this again.

"다시는 이러지 않을게."의 의미이다. 조동사 will이 '주어의 강한 의지'를 말하고 있다. 따라서 이 문장은 "다시는 절대로 이런 짓을 하지 않겠다."는 강한 의지의 표현으로 이해한다.

III

1986,
Drama/Comedy-drama,
IH 47M

I just had to tell you.

"그저 당신에게 꼭 말해야 했다."는 의미이다. have to는 '앞으로 해야 할 어떤 일을 가지고 있다'는 의미에서 파생되어 '~을 해야 하다'로 이해한다. 이것이 과거 시제 had to로 바뀌면 '~을 해야 했다'가 되는 것이다.

I feel close to you.

"당신이 가깝게 느껴진다."는 의미이다. 내 마음이 당신에게 가까이 다가간다는 뜻으로 이해한다. 매우 애틋하고 사랑이 묻어나는 표현이다.

If I had known, I would have gone with you to the hospital.

Magic in the Moonlight

2014년에 발표된 로맨틱 코미디물이다. 역시 우디 앨런이 극본과 감독을 맡았다. 우디의 마흔네 번째 영화이며 주인공은 에마 스톤(Emma Stone)과 콜린 퍼쓰(Colin Firth)이다. 영화 속 시대는 1928년이며 주인공 스탠리(Stanley; 콜린 퍼쓰 분)는 마술사이며 소피(Sophie; 에마 스톤 분)는 심령술사이다.

스탠리의 오랜 친구인 버칸(Burkan)이 갑자기 그를 방문해 부탁한다. 지인 중에 사교계의 명사인 캐롤라인 캐들리지(Caroline Catledge)라는 여성이 있는데 그녀의 동생이 한 심령술사에게 빠져서 재산을 송두리째 날릴지 모르니 그 심령술사가 사기꾼이라는 사실을 증명해 보여 달라는 것이다. 버칸과 함께 심령술사 소피를 만난 스탠리는 점차 그녀의 신비로운 심령술에 매료되어 그녀를 좋아하게 된다. 하지만 이모(aunt) 바네사(Vanessa)의 교통사고를 계기로 다시 소피가 사기꾼이라는 사실을 밝히고자 한다. 이모의 생명에 지장이 없음을 확인하고 소피와 캐롤라인의 가족이 있는 곳을 찾아간 스탠리는 이모의 사고 소식을 접해서 초조한 마음으로 애태우며 스탠리를 기다리고 있던 그들에게 말한다.

Stanley: Couldn't Sophie have predicted the outcome and put all your minds at ease?
Sophie: **If** I **had known**, I **would have gone** with you to the hospital.

스탠리: 소피가 결과를 예측하고 여러분의 마음을 평화롭게 해줄 수 있었을 텐데. 아닌가요?
소피: 제가요? 전 알지도 못했어요. 제가 알았더라면 당신과 함께 병원에 갔겠죠.

과거와 미래를 넘나들며 신비로운 예지력을 보이는 소피를 빈정대는 듯한 말투다. 예지력이 있는 소피라면 당연히 내 이모의 건강이 회복되리라는 예견을 했을 텐데, 그렇다면 당신들이 지금 말하는 것처럼 애태우며 나를 기다릴 필요도 없었을 텐데, 이게 무슨 생뚱맞은 분위기냐는 거다. 소피의 거짓을 밝히고야 말겠다는 스탠리의 의지가 깔려 있다.

2014,
Drama/Romance,
1H 40M

If I had known,

I would have gone with you to the hospital.

"내가 알았더라면 당신과 함께 병원에 갔겠지."의 의미이다. 과거 사실의 반대를 가정하며 아쉬움과 원망을 표현하고 있다. If 절에 had known, 주절에 would have gone을 이용하여 정확히 가정법 과거완료의 형태를 갖추고 있다.

Couldn't Sophie have predicted the outcome and

put all your minds at ease?

"소피가 이미 결과를 알아서 여러분의 마음을 편하게 해드릴 수 있었을 텐데. 아니에요?"의 의미이다. If 절이 생략된 완벽한 가정법 과거완료 구문이다. could have predicted ~ 형태를 갖추고 '~을 예측할 수 있었을 텐데'의 의미를 전한다. 동사 predict는 '~을 예측하다'이며 outcome은 '결과', at ease는 '편하게', '걱정 없이' 등의 의미를 갖는다. 따라서 put all your minds at ease는 '여러분의 마음을 아무 걱정 없이 만들다'로 이해한다. 본문에서 put은 과거 분사로 쓰인 것이다. put의 3단 변화는 put-put-put이다.

Magic in the Moonlight

will: 주어의 강한 의지

내가 순간적인 강한 의지의 발로로 말할 때가 있다. 미리 계획된 것이 아니라 갑작스럽게 계획된 일이다. 그럴 때 조동사 will의 도움이 필요하다.

갑작스럽다는 것은 장기적으로 볼 때 언제든 생각이 바뀔 수도 있다는 느낌을 지울 수 없다. 따라서 순간적인 강한 의지는 불확실한 미래와 연결될 수 있다.

조동사는 동사의 분위기와 행방을 정한다. 따라서 대화에서 조동사의 적절한 활용은 대화를 매우 자연스럽고 역동적으로 이끌어 가는 역할을 한다.

세 자매의 관계는 매우 돈독하다. 사업을 하는 홀리는 언니 하나에게 돈을 빌리려 한다. 그것도 거액의 돈을. 그동안 돈을 빌릴 때마다 따지지도 않고 무조건 빌려줬던 언니이지만 오늘은 좀 거액이다. 그래서 매우 조심스럽다. 언니, 언짢아하지 마(Don't get upset). 이번이 마지막이야, 정말(This is the last time. I promise). 그런데 얼마를 빌리겠다는 걸까?

Holly: Someday **I'll** pay it all back.

Hannah: I know. How much do you need?

Holly: $2,000.

홀리: 언젠가 분명히 다 갚을 거야.

하나: 알지. 얼마나 필요한데.

홀리: 2,000달러.

이 영화는 1986년에 제작됐다. 2019년 기준으로 33년 전 영화이다. 당시 2,000달러면 꽤 큰돈이다. 게다가 언니한 테 사업자금으로 빌리려는 돈이므로 상당히 큰돈임에 틀림없다. 2,000달러라는 말에 언니는 살짝 당황하지만, 전혀 주저하지 않는다. 아무리 친한 언니 동생 관계라지만 돈거래는 부담스러운 게 분명할 텐데…

Someday I'll pay it all back.

"언젠가 반드시 다 갚을 거야."의 의미이다. I will[I'll]을 통해서 가장 확실한 순간적인 의지를 말하고 있다. 돈을 빌리려 하면서 자신의 강한 의지를 밝힌다. 누구나 돈을 빌릴 때는 그렇게 말한다. 그렇게 말해야 상대가 조금이라도 마음이 동하여 빌려준다. 하지만 그 강력한 의지는 돈을 빌리고 난 이후에 꺾이고 만다. 언제 그랬냐는 듯이 의지의 탄력이 사라진다. 그래서 순간적인 강력한 의지는 '불확실한 미래'를 상징한다. 누군가 will을 이용해서 자신의 의지표현을 한다면 액면 그대로 받아들이지 않는 것이 좋다. 상대의 의지가 현실화하지 않을 가능성이 충분하다는 사실을 인지하고 있어야 한다.

　　pay back은 '돈을 갚다'의 의미이며 pay it all back은 '그것을 다 갚다'의 뜻이다.

1986,
Drama/Comedy-drama,
IH 47M

I know.

"알지.", "누가 그걸 몰라서 그래?" 등의 의미이다. 동사 know 는 '뭔가를 이미 알고 있다'는 뜻을 전한다. 그동안 동생은 내게 돈을 빌려 갔을 때마다 어기지 않고 꼭 갚아왔다. 그렇기 때문에 지금 빌려 가도 반드시 갚을 거라는 사실에는 의심의 여지가 없다. 그래서 나온 말이 I know.이다.

How much do you need?

"얼마나 필요한데?"의 의미이다. 돈은 물질명사로서 셀 수 있는 명사가 아니다. 따라서 돈의 양을 말할 때는 many가 아닌 much를 이용한다. 이런 문법 설명은 문장을 만들기 위해서가 아니라 문장을 이해하기 위해서 필요한 것이다. 억지로 문장을 만들려는 시도보다는 문장을 이해하려는 시도를 바탕으로 문법을 완벽하게 이해하도록 해야 한다.

⑨

Then time will pass, I won't call, and she'll get the idea.

1986,
Drama/Comedy-drama,
1H 47M

처제와 호텔 방에서 관계를 맺고 집으로 돌아온 엘리엇. 그리고 새벽 1시. 엘리엇은 침대 위에서 책을 읽고 있는 하나 옆에서 죄책감에 잠을 이루지 못한다. 아내를 배신했다(betrayed her). 내가 얼마나 비열한(despicable) 놈인가. 난 잔인하고(cruel) 천박한(shallow) 짓을 한 거다. 엘리엇의 머릿속은 온통 하나에 대한 죄책감뿐이다. 순간, 엘리엇은 리에게 전화를 해서 관계를 정리해야겠다는 심정으로 침대를 박차고 일어난다. 엘리엇의 독백이다.

⑨

Elliot: **I'll** tell her we can't communicate until
I terminate my marriage. Then time
will pass, I **won't** call, and she'll get the idea.

엘리엇: 그녀에게 말할 거야. 내 결혼생활을 끝낼
때까지는 연락하지 말자고. 그러고 나면
시간이 흐를 거고 나는 전화하지 않을 거야. 그러면

Hannah and Her Sisters

그녀는 내 생각을 눈치채겠지.

찌질하긴. 이럴 거면 왜 막내와 잠을 잤을까. 순간적인 쾌락을 이기지 못할 정도면 살아온 세월이 부끄럽지 아니한가? 인간, 아니 남자의 더러운 속성이 그대로 드러나는 대사다. 우디는 이런 부분이 참 솔직하다. 스스로 그런 번뇌를 즐겨 경험해본 듯하다.

I'll tell her we can't communicate until
I terminate my marriage.

"그녀에게 말할 거야. 내 결혼생활에 종지부를 찍을 때까지는 우리 서로 연락할 수 없겠노라고."의 의미이다. I'll을 이용한 순간적인 단호함의 표현이다. 들을 사람의 반응은 생각지도 않고 혼자서 의기충천이다. communicate는 '연락을 주고받다', '소통하다' 등의 뜻이다. 따라서 I'll tell her we can't communicate.는 "우리는 소통할 수 없다고 그녀에게 통보할 것이다." 정도의 의미가 된다. 동사 tell은 '일방적으로 통보하다'의 느낌이다. terminate는 '뭔가를 끝내다'의 의미이다. 결국 terminate my marriage는 '내 결혼생활을 끝내다', '내 결혼생활에 종지부를 찍다' 등으로 해석한다. 접속사 until은 '~일 때까지는'의 뜻이다.

⑨

1986,
Drama/Comedy-drama,
IH 47M

Then time will pass, l won't call, and she'll get the idea.

"그리고 나서 시간이 흘러가고, 나는 전화하지 않을 것이며, 그러면 그녀는 눈치채겠지."의 의미이다. Time will tell에서 will은 '단순 미래'이다. 시간이야 당연히 흐르는 것이므로 거기에는 어떤 의지나 추측, 가능성이 포함되지 않는다. 그저 미래에 자연스레 일어날 일이다. 그래서 '단순 미래'이다. 단순 미래는 '확실한 미래'를 뜻한다. I won't call에서 will은 '강력한 의지'의 표현이다. She'll get the idea의 will은 '확실한 미래'에 해당된다. 주어가 1인칭이 아닌 경우에는 '확실한 미래'로 본다. 시간이 흐르고 내가 전화를 하지 않으면 상대는 분명히 나의 의도를 알아차릴 것이다. '확실히' 말이다. get the idea는 '이해하다', '눈치채다' 등의 뜻이라서 "그녀는 분명히 이해하겠지.", "그녀는 확실히 눈치채겠지." 등으로 해석한다.

⑨

Hannah and Her Sisters

I invented that
effect myself.
I'll teach you all
the moves.

Magic in the Moonlight

영화의 시대 배경은 1928년이다. 주인공 스탠리(Stanley)
는 순회공연 중인(on tour) 마술사(illusionist)이다. 스탠리
는 베를린의 무대에서 공연을 마치고 분장실로 들어왔다.
분장실에는 1년 만에 만나는 오랜 친구 버칸(Burkan)이
기다리고 있다. 버칸은 스탠리의 마술에 감탄하며 자신의
마술과는 격이 다르다고 칭찬을 멈추지 않는다.

> Burkan: It is nothing compared to what you do.
> Stanley: I invented that effect myself.
> **I'll** teach you all the moves.

> 버칸: 그건 자네가 하는 것에 비하면 아무것도 아니야.
> 스탠리: 그 효과는 내가 직접 발명한 거야.
> 자네에게 모든 동작을 가르쳐 주지.

마술사는 여러 가지 효과(effect)를 이용하여 마술을 펼친

126

다. 그 마술을 발명하기 위해서는 부단한 노력과 연습이 필요하다. 어느 분야에서든 노력하는 자 앞에서는 고개를 들 수가 없다. 노력하는 자가 달인의 자리에 오른다.

I'll teach you all the moves.

"(그 마술에 필요한) 동작 하나하나를 모두 자네에게 가르쳐 주지."의 의미이다. I'll을 통해서 나의 강한 의지를 표현하고 있다. 오랜만에 만난 동료가 내 마술에 깊은 관심과 칭찬을 아끼지 않는데 즉흥적으로 이 정도의 언어 선심은 쓸 수 있겠다. "내가 해주겠다니까, 정말이야." 강한 의지이다.

It is nothing compared to what you do.

"그건 자네가 평소에 하는 것에 비교하면 정말 보잘것없는 거지."의 의미이다. nothing은 '보잘것없는 것', '아무것도 아닌 것' 등으로 이해하고 compared to ~는 '~와 비교된 상태에서'의 뜻이다. what you do에는 현재 시제가 쓰여서 '당신이 평소에 하는 것'으로 해석한다.

2014,
Drama/Romance,
1H 40M

오랜만에 친구가 찾아왔다. 정말 순수하게 보고 싶어서 찾아왔을까? 무슨 목적이 있지는 않을까? 물론 목적이 있을 가능성이 크다. 그리고 그 목적은 도움 요청인 경우가 압도적이다. 그래도 정말 친한 친구라면 찾아와주는 게 어디냐. 남자들. 여기나 거기나 그저 술이다, 술.

⑦

Burkan: Shall we go for a drink?
Stanley: Brilliant notion, Burkan. **I'll** buy you a Scotch.

버칸: 한잔하러 갈까?
스탠리: 아주 좋은 생각이야, 버칸. 내가 스카치 살게.

I'll buy you a Scotch.

"내가 스카치 한잔 살게."의 의미이다. I'll을 통한 순간적인 주어의 강력한 의지의 표현이다. 동사 buy는 단순히 물건을 사는 것이 아니라 '~을 대접하다'의 의미로 쓰이고 있으며 a scotch는 '스카치위스키 한 잔'을 의미한다.

Shall we go for a drink?

"우리 한잔할까?"의 의미이다. Shall we ~? 패턴은 '부탁'이나 '제안'을 할 때 사용하는데 정중하고 조심스러운 느낌을 전한다. 오랜만에 만난 친구라서 예의를 지키는 면도 있지만 평소에 버칸이 스탠리를 어려워하고 있었다고 느끼게 하는 패턴이기도 하다. go for a drink는 '가서 한잔하다'의 의미이다.

⑦

Brilliant notion.

Brilliant notion. 매우 독특한, 무거우면서도 흥미로운 우디 앨런식 어휘 선택이자 표현이다. "아주 좋은 생각이야."의 뜻이다. brilliant는 excellent의 의미로서 주로 영국에서 사용되며 notion은 idea, opinion 등의 의미이다. 하지만 그것들보다는 무거운 문어적 어휘이다. '개념', '생각', '의견' 등으로 해석한다. 재미있다. 술을 한잔하자는 데 뭔 "굉장한 개념인걸."이라고 말할까. 농담조로 과장되게 폼내며 말하는 스타일이다. 하지만, 괜찮다. 매력적인 표현이다.

2014,
Drama/Romance,
1H 40M

우디 앨런의 불륜 코드가 어디 갈까. 스탠리에게는 품위
와 교양을 갖춘 약혼자 올리비아가 있다. 스탠리는 올리비
아를 사랑한다. 하지만 심령술사인 소피와 몇 번의 만남을
통해서 올리비아에게서 느끼지 못했던 감정을 경험한다.
그리고 흔들린다. 올리비아에게 고백하고 싶다. 그녀와 헤
어지고 싶다. 그리고 소피에게 청혼하고 싶다. 그런데 아직
은 아니다. 그래도 흔들림을 주체할 수 없다. 교통사고를
당한 이모 바네사의 집을 잠시 방문한 스탠리는 올리비아
와 전화 통화를 한다.

Stanley: Yes, of course, Olivia. **I'll** be home
in a few days. I just have to see that Aunt Vanessa is up
and running.

스탠리: 올리비아, 물론이지. 며칠 후면 집에
돌아갈 거야. 이모가 건강하신지 살펴봐야 해.

올리비아와의 통화에서는 흔들리는 마음을 표현하지 못한다. 그저 일상적인 이야기뿐이다. 일 몇 가지 수습하고 갈게. 나중에 봐. 안녕. 이런 상투적인 말 뒤에는 스탠리의 초조함이 묻어 있다.

I'll be home in a few days.

"며칠 후에 집에 갈 거야."의 의미이다. will은 주어의 의지를 전하고 있다. be는 go의 의미로 쓰이고 있으며 전치사 in은 '~ 후에'의 뜻을 갖는다. 따라서 in a few days는 '2, 3일 후에'로 이해한다.

I just have to see that Aunt Vanessa is up and running.

"바네사 이모의 건강이 좋은지를 살펴야 한다."는 의미이다. just는 '좀' 정도의 강조 의미로 쓰이고 있으며 have to see ~는 '~을 살필 일이 있다'는 뜻이다. to 부정사는 '미래'를 의미하기 때문에 to see는 '앞으로 ~을 살피다'가 되며 그런 일을 have, '가지고 있다'가 되어서 have to see ~를 '앞으로 ~을 살펴봐야 하다'로 흔히 해석한다. up and running은 '일어나서 작동하는'의 뜻이다. 기계가 고장났다가(down) 고쳐진 상태(up)에서 다시 작동한다(run)는 의미로 사용하는 표현이다. 이것이 사람에게 적용되면 '아팠던 사람이 일어나서 다시 정상적으로 활동하다'의 뜻이 된다. 이것을 의역해서 "건강이 회복되다."로 이해할 수 있는 것이다.

will의 확실성

조동사 will의 주어가 1인칭에서 벗어나면 주어의 '주관적인 의지'에서 '객관적 확실성과 가능성'으로 바뀌게 된다. 미래에 확실히 어떤 일이 일어날 것이라는 뜻이다.

자연의 법칙으로 인해서 미래에 어떤 일이 일어날 확률과 가능성이 완전 100%인 경우, 계획에 의해서 미래에 어떤 일이 일어날 확률과 가능성이 거의 100%인 경우, 그동안의 경험과 습관으로 보아 미래에 어떤 일이 일어날 확률과 가능성이 매우 높은 경우, 통계적으로 볼 때 미래에 어떤 일이 일어날 확률과 가능성이 높은 경우 등이 모두 여기에 포함된다. 따라서 정도의 차이만 있을 뿐 미래에 어떤 일이 일어날 확실성과 가능성이 매우 높음을 말할 때 will을 이용한다.

우리는 이런 경우를 의지미래가 아닌 '단순 미래'로 명명해왔으나 이를 '확실한 미래'로 이해하는 것이 좋다.

새 학교로 부임해 온 철학과 교수 에이브 루카스(Abe Lucas)는 자신이 머물 교수 사택을 안내받는다. 무표정으로 일관하는 에이브. 교직원의 설명에 아무런 대꾸도, 아무런 반응도 보이지 않는다. 누가 봐도 정상적인 상태로 보이지는 않는다.

교직원의 설명이다. 작지만 정말 편안한(comfortable) 사택입니다. 이쪽이 거실(living room)이고 저쪽에 작은 부엌이 있습니다. 그리고 바로 그 옆에 작은 식당(a little dining room)이 있고요. 위층으로 가면... 이쪽으로 오세요. 오른쪽(to the right)에 화장실(bathroom). 그리고 여기는 침실(bedroom)입니다. 작지만 정말 편합니다.

Staff: And there's an office over there. I think you'll really love the philosophy department, you know?

직원: 그리고 저쪽에 연구실이 있어요. 제 생각에는

분명히 철학과가 정말 마음에 드실 겁니다.

I think you'll really love the philosophy department.

"내 생각에는 분명 당신이 정말 철학과를 좋아하게 될 것 같다."는 의미이다. 조동사 will이 '높은 확률'을 말하고 있다. 그동안의 상황과 경험으로 볼 때 '당신이 철학과를 마음에 들어 할 확률이 매우 높다'는 것이다. love는 '뭔가를 매우 좋아하다, 또는 마음에 들어 하다'의 의미로 쓰이고 있다. philosophy department는 대학에서의 '철학과'를 뜻한다.

There's an office over there.

"저쪽이 연구실입니다."의 의미이다. 일반적으로 office는 '사무실'이지만 학교에서 office를 말할 때는 '연구실'의 느낌이다. over there는 장소나 위치를 말하면서 '저쪽'을 뜻한다.

그동안 사랑해왔던 친구 로이를 여전히 사랑하면서도 에이브 교수에게 마음을 빼앗겨버린 질은 에이브 교수가 자신을 피하면 피할수록 그에게 더욱 다가가고 싶다. 로이는

135

그런 질의 모습에 몹시 상심하지만 이미 교수에게 마음을 빼앗긴 질을 어찌할 수는 없는 노릇이다. 사랑은 하나가 아닌가 보다. 사랑은 늘 처음 같지 않은가 보다. 그래서 사랑은 두렵다. 그래서 사랑은 아프다.

로이는 요즘 계속 자기를 민감하게 대하는(touchy mood) 질에게 섭섭한 감정이 이만저만이 아니다. 자기가 콘서트에 정말 가고 싶다고 해서 억지로 표를 구했건만 이번엔 가기 싫단다. 사실 질은 그 시간에 에이브와 약속을 해 버렸기 때문이었다. 이런... 그래 놓고 그냥 마음이 바뀌었단다(have a change of heart). 그러면서 친구와 함께 가라고 떠민다. 로이는 질과 가고 싶은 마음이 굴뚝 같았는데(looking forward to going with her). 로이는 에이브 교수 때문에 자기에게 관심을 잃은(lose interest in him)것 같다며 질에게 섭섭한 마음을 표한다. 그런 로이에게 질은...

Jill: He's a friend. There's nothing going on.
Roy: Okay. Okay. Well, I'll just go to the concert with Mike.
Jill: Oh, you'll have fun. Mike is sweet.

질: 그 사람은 그냥 친구일 뿐이라고. 아무 일도 없어.
로이: 알았어. 알았어. 콘서트는 마이크하고 같이 갈 거야.
질: 그래, 재미있을 거야. 마이크 참 다정한 애잖아.

136

다른 남자에게 마음이 간다. 행동도 간다. 마음과 행동이 멀어지면 그건 끝난 거다. 그러나 인정하고 싶지 않다. 그냥 그녀 곁에 만이라도 머물고 싶다. 하지만 어림도 없다. 참 짠하다.

You'll have fun. Mike is sweet.

"재미있을 거야. 당연히. 마이크 참 다정한 애잖아."의 의미이다. 분명히 즐거울 거라는 확실성을 말하고 있다. 그 이유로 Mike is sweet.을 들고 있다. 영화 속에서는 위로의 말 치고는 좀 어설퍼서 이 말을 한 사람이나 듣는 사람이나 그 표정이 정말 웃긴다. 서로 뻘쭘하다. have fun은 '재미있게 시간을 보내다'의 의미이다.

There's nothing going on.

"아무 일도 진행되는 건 없다."는 의미이다. 본문에서는 두 사람 사이에 연인관계로 진행되는 일은 아무것도 없다는 의미로 쓰였다. go on은 '계속 진행되다'의 의미이며 nothing going on은 '진행되고 있는 일은 전혀 없음'을 의미한다.

2015,
Drama/Mystery,
1H 36M

Jack will wanna take us for Chinese food again.

I think Sally's getting tired of our pasta places.

1992,
Drama/Indie film,
1H 48M

⑤

게이브(Gabe)와 주디(Judy) 부부는 잭(Jack), 샐리(Sally)
부부와 함께 저녁을 먹기로 했다. 오랜 친구 간인 두 부부
는 허물없이 지내는 것은 물론, 서로 비밀이 없는 아주 각
별한 사이이다. 잭과 샐리는 일단 게이브와 주디의 집으로
오기로 했다. 잭은 중국집을 좋아한다. 반면에 게이브와
주디는…

Judy: They're here.
Gabe: Jack **will** wanna take us for Chinese food again.

주디: 이 사람들 왔네.
게이브: 잭이 또 우릴 데리고 중국집에 가려고 할 거야.

집에 들어오자마자 동시에 네 명의 대화가 산발적으로 일
어난다. 쥬디와 게이브는 저녁으로 이탈리아 음식을 원하
지만 잭이 워낙 중국 음식을 좋아하는 통에 강력하게 주

140

Husbands and Wives

장하지도 못한다. 소심하게... 이탈리아 식당 가면 안 되는 걸까(I can't talk you into Italian)?

Jack will wanna take us for Chinese food again.

"잭은 또 우리를 중국음식점으로 데려갈 거야."의 의미이다. 조동사 will은 그동안의 경험으로 볼 때 분명히 일어날 일에 대해서 쓰이고 있다. 그래서 Jack will wanna take us ~는 '(그동안의 경험으로 볼 때) 잭은 분명히 우리를 ~로 데려갈 거야'의 의미로 이해된다. take us for ~는 '우리를 데리고 ~을 먹으러 가다'의 의미로 쓰이고 있다.

⑤

They're here.

"얘들 왔다."는 의미이다. 물론 상황에 따라서는 "얘들 여기 있네."가 될 수도 있지만, 본문에서는 기다리고 있던 사람들이 도착했다는 의미로 사용되고 있다.

1992,
Drama/Indie film,
1H 48M

스페인 바르셀로나. 한 번쯤 가봐야겠다... 는 생각을 하게 만드는 곳이다. 주인공 비키(Vicky)와 크리스티나 (Cristina)는 여름 휴가지로 바르셀로나를 택했다. 비키의 먼 친척인 주디(Judy)와 그녀의 남편 마크(Mark)의 집에서 머물기로 한다. 먼 친척인지라 서먹하지만 그래도 두 사람을 반기는 주디와 마크는 두 방문객에 대해서 궁금한 점이 한둘이 아니다.

비키는 스페인의 유명한 건축가(architect) 가우디 (Gaudi)에 대한 관심과 애정(affection)을 바탕으로 카탈로니아인의 정체성(Catalan Identity)에 대한 석사 학위 (master's)를 마무리 짓고 있다. 도대체 그걸 전공해서 뭐에 써먹으려는지 의아한 마크가 묻는다.

Mark: What do you plan on doing with that?
Vicky: I don't know.
Judy: She's marrying this wonderful man in the fall

142

and all her conflicts **will** be resolved

when he makes her pregnant.

마크: 그걸로 뭘 하실 계획인가요?

비키: 모르겠어요.

주디: 얘가 가을에 멋진 남성과 결혼한다니까

모든 내적 갈등은 결혼 후 임신하게 되면 당연히

다 해결될 거예요.

⑤

공부하면서 미래를 설계한다. 설계된 미래는 끝없이 나를 담금질한다. 성공도 실패도 내겐 소중하다. 성공이 자만을 부르지 않고 실패가 절망을 선물하지만 않으면, 그래서 성공 후에도 실패 후에도 새로운 도전에 가까워질 수만 있다면 내 설계된 삶은 충분한 값어치가 있는 것이다. 그러나 특히 여성의 경우에 미래를 향한 도전이 결혼과 임신으로 주춤하거나 내지는 포기로 이어진다면… 그건 정말 너무도 안타깝다… 포기는 절대 있어서는 안 될 것 같다…

All her conflicts will be resolved when he makes

her pregnant.

1992,
Drama/Indie film,
1H 48M

"그녀의 모든 갈등은 그가 그녀를 임신시킬 때 자연스럽게 해결될 거야."의 의미이다. 조동사 will은 '앞으로 일어날 습관적이고 일반적인 현상'에 대해서 말하고 있다. 특히 본문에서는 '남녀의 관계를 볼 때, 그리고 직장 여성이 결혼 이후에 임신을 하게 되었을 때 흔히 일어나는 관습적인 미래'를 말하는 것이다. 따라서 All her conflicts will be resolved는 '그녀의 모든 갈등은 분명 자연스럽게 해결될 것이다'가 적절한 이해이다. conflict는 '심리적인 갈등'을 의미하고 있으며 resolve는 '문제를 해결하다', be resolved는 '문제가 해결되다'의 뜻이다. He makes her pregnant.는 남자 입장에서의 말이다. "남자가 여자를 임신시키다."이다. 하지만 우리는 이것을 여성의 입장으로 주로 해석한다. 따라서 가장 적절한 이해와 번역은 "그녀가 임신하다."이다.

What do you plan on doing with that?

"넌 그것으로 무엇을 할 계획이야?"의 의미이다. plan on ~은 '~을 할 계획이다'의 뜻이며 What do you plan on doing?은 "무엇을 할 계획을 잡고 있는 것인가?"가 직역이다. 여기에 with that이 붙어서 "그걸로 뭘 하려고?"로 의역한다. 전치사 on은 '집중'의 의미를 포함한다.

144

She's marrying this wonderful man in the fall.

"그녀는 가을에 멋진 남성과 결혼할 거야."의 의미이다. 현재 진행이 가까운 미래에 일어날 이미 정해진 일을 말하고 있다. this wonderful man은 '이 멋진 남자'가 아니라 '어떤 멋진 남자'이다. this가 '어떤'의 의미로 쓰였다. in the fall은 '가을에'이다.

⑤

1992,
Drama/Indie film,
1H 48M

비키(Vicky)는 절대 후안(Juan)을 좋아하게 될 것 같지 않
았다. 가치관이 달라도 너무 다르며 여러모로 후안은 전혀
비키의 스타일이 아니었다. 하지만 후안을 알게 되었다. 그
의 진가를 알게 되었다. 그러면서 비키는 서서히 후안의 매
력에 젖어 들었다. 그리고 그의 여자가 되어간다.

후안에게는 완전히 끊지 못하는 전 부인이 있다. 그녀
에게 문제가 생기면 후안은 지체없이 달려간다. 그런 사실
이 비키는 마음에 걸린다. 그래서 후안에게 전 부인을 여
전히 사랑하는 거 아니냐고 묻지만, 그는 사랑이 아니라
다른 거라 말한다.

Juan: She **will** always be a part of me. She's an
important person in my life but for the two of us
something was not working.

후안: 그녀는 항상 저의 일부로 존재할 겁니다.

146

그녀는 제 삶에서 중요한 사람이죠. 하지만
우리 둘 사이엔 해결되지 않는 뭔가가 계속 있었어요.

이혼한 전처와의 관계를 털어놓는 진지한 후안. 그의 말에
울림이 있어 마음을 열게 된 비키. 이혼했지만 그녀를 존
중하는 후안이 괜찮은 남자로 보인다.

She will always be a part of me.

⑤

"그녀는 분명히 늘 나의 일부분으로 존재할 겁니다."의 의
미이다. 조동사 will이 쓰였다. 당연히 그렇게 될 거라는 확
실한 미래의 의미를 전한다. 지금까지의 상황으로 볼 때
당연히 그렇게 될 수밖에 없는 가능성을 말하는 것이다.

For the two of us something was not working.

"우리 둘 사이에 뭔가가 제대로 맞지 않았어요."의 의미이
다. 동사 work가 '서로 제대로 합이 맞다'는 의미로 쓰이고
있다. 그래서 something was not working은 '뭔가 계속 서
로 합이 맞지 않았다'는 뜻이다.

147

1992,
Drama/Indie film,
1H 48M

will be + 현재 분사/형용사

will be 의미의 열쇠는 be 동사가 쥐고 있다. be 동사는 단정적이고 확실한 상태를 전한다. 그것이 사실임을 확실히 단정하는 것이다. He's strange.는 "걔 이상한 애야."라고 단정적으로 말한다. 따라서 be 동사는 뭔가가 오해를 불러일으키지 않는 확실한 사실일 때만 사용하는 것이 좋다. will은 '확실한 미래'를 의미한다. 여기에 역시 확실하고 단정적인 상태를 뜻하는 be 동사가 연결됨으로써 will be 형태는 어떤 일이 일어나거나 존재할 가능성이 100% 확실함을 의미한다. 이러한 의미는 설령 주어가 1인칭이더라도 변함없다: 주어가 1인칭일 경우에도 '의지미래'가 아닌 '100% 확실한 미래'의 의미를 전한다.

현재 분사는 '진행'의 의미를 포함한다. 그리고 그 품사는 형용사이다. 형용사는 '상태'를 의미하므로 현재 분사는 '진행되는 상태'를 뜻한다. 하지만 근본이 형용사인 어휘는 '정적인 상태'를 뜻한다. 따라서 ‹will be + 현재 분사/형용사›는 미래에 어떤 사실이 매우 확실하게 일어날 것이거나 어떤 상태로 확실하게 존재할 것임을 의미한다.

148

작업의 정석. 상대를 알라. 상대의 관심사를 파고들라. 상대의 약점을 공략하라. 최대한 성실한 표정과 다정다감한 어투로 말하라. 예의 바르고 정직한 사람이라는 인상을 심어라. 크리스(Chris)는 클로이(Chloe)와의 첫 만남에서 작업의 정석을 유감없이 활용한다. 그리고 그녀의 관심을 사로잡는다. 참 자연스럽다. 꾼들은 원래 이런가 보다.

크리스는 자신은 성장하면서 갤러리에 가서 미술품을 보거나 극장에 가서 오페라나 뮤지컬, 영화 같은 것들을 많이 보질 못했단다. 그런 걸 자주 이용할 기회(have taken much advantage of it)가 없었단다. 클로이는 자신이 기꺼이 좋은 곳으로 안내하겠단다(I'd be happy to take you to all the good places). 그런 클로이에게 크리스는 표는 자신이 사겠단다. 누가 사든 그게 무슨 문제냐고(Is that going to be an issue?) 반문하는 클로이. 자신은 고리타분한 존재(old-fashioned)라며 자연스레 사치 갤러리에서 전시회가 있음을 던진다. 미끼를 던지는 거다. 데려다주겠노라고 덥

149

석 미끼를 무는 클로이에게 크리스는 대신 무료 테니스 레슨을 해 주겠노라고 연속되는 미끼를 던진다. 클로이는 그렇게 하자며 수요일에 만날 것을 제안한다. 그러면서 이어지는 클로이의 제안은…

Chloe: Shall we meet for lunch first?
Chris: It's a deal. I'd better get ready.
Your guests **will be arriving** soon.

클로이: 먼저 만나서 점심을 같이할까요?
크리스: 그렇게 하시죠. 저 준비해야겠어요.
곧 손님들이 도착하실 테니까요.

상류층에 입성하기 위해서는 품위유지가 최우선이다. 품위유지에 필수는 문화적 혜택에의 노출이다. 그리고 입성에 도움이 될 만한 사람에게 겸손하게 접근해야 한다. 상대가 나보다 한 수 위라는 사실을 인정하고 상대를 높일 줄 알아야 한다. 게다가 오늘은 가족 모임이 있는 날…

Your guests will be arriving soon.

"손님이 곧 도착할 것이다."의 의미이다. 모두 다 알고 있는 예정된 시간이 있고 손님들은 그 시간에 맞추어서 '당연히' 도착할 것이 분명하기 때문에 will be arriving을 통해서 '그들이 도착할 것이라는 단정적이고 확실한 미래'를 말하고 있다.

Shall we meet for lunch first?

"그보다 먼저 만나서 점심을 같이할까요?"의 의미이다. Shall we ~? 패턴은 상대에게 정중하게 뭔가를 제안할 때 사용한다. meet for lunch는 '점심 식사를 위해서 만나다'가 아니라 '만나서 점심을 먹다'로 해석하는 것이 좋다. first가 본문에서는 '미리 만나서'의 느낌으로 쓰이고 있다.

It's a deal.

"그렇게 하도록 하죠."의 의미이다. 두 사람이 약속할 때 서로 동의하는 순간에 나오는 말이다. "그렇게 딜이 맺어진 거로 하자."는 속뜻을 갖고 있다. 단순한 시간 약속을 마무리할 때도 사용할 수 있다.

Drama/Crime,
2H 6M

크리스(Chris)는 놀라(Nola)와 관계를 맺기 시작하면서 클로이에게서 마음이 멀어진다. 하지만 놀라가 임신을 하면서 상황은 급히 반전된다. 아이를 지우라는 크리스, 낳아서 같이 기르자는 놀라. 클로이(Chloe)는 크리스를 의심하기 시작한다. 두 여자 사이에서 크리스의 선택은 놀라를 살해하는 것이다. 완전범죄를 위한 알리바이를 만들기 위해서 크리스는 클로이에게 뮤지컬을 보자고 제안하는데…

Chloe: I thought you hated musicals.
Chris: No, that's not so. And anyway, you love his music.
Chloe: Well, that's great.
I'll be coming straight from the gallery.

클로이: 당신 뮤지컬 되게 싫어하면서.
크리스: 아니야, 그렇지 않아.
그리고 어쨌든, 당신 그의 음악 무척 좋아하잖아.

152

Match Point

클로이: 정말 좋아. 난 갤러리에서 곧장 가게 될 거야.

크리스의 화해 제스처에 클로이는 쉽게 넘어가 준다. 크리스의 노력이 안쓰럽기도 하고 크리스가 제안한 뮤지컬이 평소에 보고 싶었던 것이기도 했다. 악한 마음으로부터의 제안이, 악의 결과를 초래할 제안이 악을 생성하는 자의 의도대로 완벽하게 구현될 수는 없다. 하지만 크리스는 그렇게 믿고 싶다. 그리고 클로이와의 결혼생활을 유지할 수 있을 거라고 생각한다.

I'll be coming straight from the gallery.

"나는 갤러리에서 곧장 그리로 가게 될 거야."의 의미이다. 뮤지컬 시작 시간을 알고 있는 클로이는 갤러리에서 나와 중간에 크리스를 만나서 같이 움직일 충분한 시간적 여유가 없음을 안다. 그래서 자신은 곧바로 뮤지컬 극장으로 가게 될 거라고 말한다. 조동사 will의 주어로 I가 쓰였지만 의지미래가 아니다. 단정적인 사실을 전하는 be 동사의 영향이다. I will be ~ 형태는 의지와는 무관하게 앞으로 내게 일어날 단정적이고 확실한 미래를 말한다. '곧장 가다'로 go straight를 쓰지 않고 come straight를 쓰고 있다. '내가 너 있는 곳으로 가다'의 의미를 전할 때는 go 대신에

come을 쓰게 된다.

I thought you hated musicals.

③ "당신 뮤지컬 무척 싫어하잖아."의 의미이다. 문장 전체를 이끄는 동사는 thought이기 때문에 과거형의 영향을 받아서 hate가 hated로 바뀌었다. 시제의 일치 문법이 적용된 것이다. 하지만 해석할 때는 hated가 아닌 hate로 해서 "나는 네가 뮤지컬을 싫어했다고 생각했다."가 아니라 "나는 네가 뮤지컬을 싫어한다고 생각했다."로 하는 것이 옳다.

Anyway, you love his music.

"어쨌든, 당신은 그의 음악을 매우 좋아하잖아."의 의미이다. 이들이 보러 갈 뮤지컬은 The Woman in White이다. 1859년에 발표된 윌리엄 윌키 콜린스(William Wilkie Collins)의 소설이며 2004년에 앤드류 로이드 웨버(Andrew Lloyd Webber)에 의해서 뮤지컬로 탄생했다. 본문에서 말하는 his music이란 바로 웨버의 음악을 말한다.

154

I should go.
Pablo will
be missing me.

Midnight in Paris

길(Gil)은 피카소의 여인 아드리아나(Adriana)를 만나 대화를 나눈다. 그는 자신이 피카소의 여인인 아드리아나와 길을 걷고 춤을 추고 대화를 나눈다는 사실 자체가 무한 감동이다. 아드리아나는 길의 매너와 외모에 깊은 호감을 갖게 된다. 하지만 길이 이미 결혼한 남자라는 사실을 알고 난 후 아드리아나의 태도는…

Adriana: I should go. Pablo **will be missing** me.
Gil: Come on. I'll walk you home.

아드리아나: 저 가봐야 해요. 파블로(피카소)가
저를 보고 싶어 할 거예요.
길: 저기요. 제가 댁까지 걸어서 모셔다드리죠.

남자나 여자나 다 똑같다. 동서고금, 다 똑같다. 총각인 줄 알았던 남자가 유부남이라는 사실을 알게 된 후, 그에 대한 호감이 급 떨어진다. 처녀인 줄 알았던 여자가 유부녀라는 사실을 알게 된 후, 실망이 이만저만이 아니다. 그리고 편하게 대하던 상대에게 거리감을 두며 극도로 형식적으로 대하기 시작한다.

Pablo will be missing me.

"파블로가 (당연히) 저를 그리워할 거예요."의 의미이다. will be를 통해서 지극히 단정적이고 확실한 미래를 말한다. 길(Gil)로부터 빨리 벗어나고 싶어서 아드리아나는 당연히 피카소가 자신을 기다릴 거라고, 그래서 빨리 가봐야 한다고 말하는 것이다. 동사 miss는 '~을 그리워하다', '~을 보고 싶어 하다' 등의 의미를 갖는다.

I should go.

"저 가봐야 해요."의 의미이다. 조동사 should는 뭔가를 정중하게 요구하거나 스스로 뭔가를 하고 싶다고 정중하게 말할 때 사용한다.

Come on.

2011,
Fantasy/Romance,
1H 40M

"저기요," "이봐요." 등의 의미이다. 감탄사조의 말이며 때로는 행동을 재촉하면서 "어서!"의 의미로 쓰이기도 한다.

I'll walk you home.

"제가 집까지 걸어서 모셔다드릴게요."의 의미이다. 조동사 will은 주어의 강력한 의지를 말하고 있다. walk는 타동사로 쓰여서 '~을 걸어서 바래다주다'의 의미를 전한다. 따라서 walk you home은 '너를 걸어서 집까지 바래다주다'로 해석한다. home은 '집에', '집까지' 등의 의미를 갖는 부사이다.

⑥

158

Amy will be handling your contracts for Empire Solutions and Global Innovations. She's brilliant.

Blue Jasmine

④

남편 할(Hal)의 바람기를 잠재울 방법은 없다. 어떤 계기
가 되었든 여성을 알게 되면 할의 바람기는 자연스레 발동
한다. 그런데 그런 사실을 아내인 재스민만 모른다. 주변의
모든 지인이 그 사실을 알 동안 재스민만 남편을 철석같이
믿고 있었던 거다. 참 나쁜 놈이다, 할.

재스민과 한가로운 시간을 보내고 있는 할 앞에 동료인
내트(Nat)가 한 여성과 함께 나타난다. 그녀는 최근에 할
이 계약 맺은 Empire Solutions and Global Innovations 건
을 진행할 여성 에이미(Amy)였다. 여자만 보면 할은 온몸
의 감각이 꿈틀거린다. 짐승이다.

Nat: Amy **will be handling** your contracts for Empire
Solutions and Global Innovations.

Hal: We should get together on that Empire Solutions
thing as soon as possible. Free on Tuesday?

160

내트: 여기 에이미가 자네의 그 Empire Solutions and Global Innovations 계약 건을 처리하게 될 거야.

할: 우리 가능한 한 빨리 만나서 그 Empire Solutions 건에 관해서 얘기해야 해요. 화요일에 시간 돼요?

물론 평범한 상황일 수도 있다. 하지만 할의 전적으로 보아 일로 여성을 소개받자마자 신속하게 미팅을 잡는 것이 다른 의도와 꿍꿍이가 있는 것으로 보인다. 실제로 할은 에이미와 드러내 놓고 바람을 피우게 된다. 그 사실을 아내 재스민은 다른 사람을 통해서 나중에 알게 된다.

Amy will be handling your contracts for Empire Solutions and Global Innovations.

"에이미가 Empire Solutions and Global Innovations 계약 건을 처리하게 될 거야."의 의미이다. 미래 진행이 쓰였다. 에이미의 의지를 말하는 것이 아니라 에이미에게 할당되어 에이미가 앞으로 당연히 하게 될 일을 단정적으로 말하고 있다. contracts for ~는 '~을 위한 계약 건들'의 의미이며 동사 handle은 '~을 처리하다'이다.

We should get together on that Empire Solutions thing

2013,
Comedy-drama/Drama,
1H 38M

as soon as possible.

"우리 가능한 한 빨리 만나서 그 Empire Solutions 건에 대해서 상의해야 해요."의 의미이다. 조동사 should가 강력한 권유의 의미를 전하며 get together on ~은 '만나서 ~에 대해서 의논하다'의 뜻을 갖는다. as soon as possible은 '가능한 한 빨리'다. "우리 만나서 그 문제를 상의해보자."는 We should get together on that.으로 간단히 표현한다.

Free on Tuesday?

"화요일에 시간 있어요?"의 의미이다. Are you free on Tuesday?에서 Are you가 생략된 문장이다. 특정한 요일 앞에는 전치사 on을 사용한다는 것도 잊지 말아야 한다. 전치사 on은 '한 곳에 집중'된 느낌을 전한다.

Blue Jasmine

Yeah.
I thought
you were gonna
pass out.

Match Point

Low blood sugar. I'll be better soon.

아내 클로이(Chloe)와 발레공연을 보는 내내 크리스의 마음은 초조하고 불안했다. 그도 그럴 것이 이제껏 관계해온 놀라(Nola)를 살해할 생각을 하니 얼마나 두렵겠는가. 공연 내내 정신을 차릴 수가 없었다. 한순간도 공연에 집중할 수 없었다.

> Chloe: You were very nervy all through the ballet.
> I thought you were gonna pass out.
> Chris: Low blood sugar. **I'll be better** soon.

> 클로이: 당신 발레공연 내내 몹시 불안하고
> 초조한 상태던데. 난 당신이 기절하는 줄 알았어요.
> 크리스: 저혈당이라 그래. 곧 나아질 거야.

우디 앨런의 영화를 보다 보면 시대감의 상실이 이어진다. 이 영화가 도대체 몇 년도를 배경으로 한 걸까? 어떻게 저

2005,
Drama/Crime,
2H 6M

런 화면에 저런 대사가 나오는 걸까? 어떻게 저런 생각을 가진 인물들이 등장하는 걸까? 또 한 가지 그의 영화들이 갖는 공통적인 특징이 있다. 대사에 쓰이는 영어표현들이 아주 좋다. 특히 영어를 학습하는 우리 같은 사람들에게는 안성맞춤인 대화와 대사가 수두룩하다. 그래서 지금 이런 책이 탄생하는 거다.

I'll be better soon.

"곧 좋아질 거야."의 의미이다. ‹I'll be + 형용사›의 형태에 쓰인 조동사 will이다. 몸이 좋아지는 것이 자기의 의지대로 되는 것은 아니다. 그저 앞으로 당연히 좋아질 거라는 100%의 확신을 갖고 단정적으로 말하고 있다. better는 형용사 good의 비교급이다.

You were very nervy all through the ballet.

"당신은 발레공연 내내 몹시 불안하고 초조한 상태였다."는 의미이다. 형용사 nervy는 '불안 초조한'의 뜻이 있으며 all through the ballet는 '발레공연 내내'를 뜻한다. 형용사 nervy는 활용도가 높기 때문에 반드시 기억해 둔다.

Match Point

I thought you were gonna pass out.

"난 당신이 기절하는 줄 알았어."의 의미이다. 의미는 you are gonna pass out이지만 thought의 영향으로 you were gonna pass out이 되었다. be gonna는 확실하고 단정적인 미래를 말하며 pass out은 '정신을 잃다', '기절하다' 등의 의미이다. 그래서 이 문장을 직역하면 "나는 당신이 분명히 기절할 거라고 생각했다."이며 "나는 당신이 기절하는 줄 알았지."로 의역하는 것이다.

③

2005,
Drama/Crime,
2H 6M

미키(Mickey)는 지니(Ginny)의 성숙미와 인생 경험에 호감을 갖게 되고 그녀를 좋아하게 된다. 하지만 어느 날 나타난 지니 남편의 딸인 캐롤라이나(Carolina)에게도 관심을 갖게 된 미키. 그 사실을 알게 된 지니는 질투심을 감출수 없다.

폭우가 내리는 어느 날 차를 몰고 가던 미키는 비를 맞으며 뛰고 있는 캐롤라이나를 자기 차에 태운다.

Mickey: Let me buy you a cup of coffee.
Carolina: I can't. **I'll be late** for work.

미키: 커피 한 잔 살게요.
캐롤라이나: 안 돼요. 가게에 지각해요.

복잡한 인생을 사는 캐롤라이나의 삶을 알게 된 미키는 그녀에게 관심을 갖게 되고 차츰 감정적으로 끌리게 된다.

168

일단 마음에 들어오면 어떻게든 방법을 만들어 둘만의 시간을 갖고자 하는 게 사람인가보다. 그렇게 미키는 캐롤라이나의 마음을 사로잡고 싶다.

I'll be late for work.

"가게 늦어요."의 의미이다. ‹I'll be + 형용사›의 형태로 쓰이는 조동사 will이다. 시간적인 상황으로 보아 당신과 커피까지 마시고 가면 난 100% 지각이라는 말이다. be late for walk는 '회사에 지각하다'라는 의미이며 상황에 따라서 적절하게 의역할 필요가 있다.

Let me buy you a cup of coffee.

"내가 커피 한 잔 살게."의 의미이다. Let me ~ 구문은 '내가 ~하도록 허락해 달라'는 뜻으로 '~할게'로 의역한다. 동사 buy는 '대접하다'의 느낌이며 4형식 동사로 쓰이고 있다.

⑪

169

Because it's light. I'll be an easy target.

Take the Money and Run

⟨Take the Money and Run⟩ 1969년에 발표된 우디 앨런의 마큐멘터리(mockumen-tary)식 코미디 영화이다. 마큐멘터리란 사실 보도 속에 픽션 요소를 가미한 기록물을 의미한다. 이 영화는 주인공 버질(Virgil)의 이야기를 다큐멘터리 스타일로 보여준다. 버질은 어린 나이에 왕따를 당하다가 범죄자로서의 삶을 시작한다. 성인이 된 그는 행동이나 말투가 어눌하여 경찰과 판사에게까지 놀림을 당할 정도이다. 버질은 젊은 여성인 루이즈를 사랑하게 되고 둘은 함께 살면서 아이까지 갖게 된다.

결혼생활 중에 버질은 은행강도(bank robbery) 짓을 감행하려 한다. 그런데 강도질을 하러 나가기 위해서 입을 옷이 문제가 되고 있다. 루이즈가 무슨 옷을 입고 나갈 거냐고 묻는다. 버질은 밝은 청색(light blue) 옷을 입고자 한다. 그런데 그 옷은 더러워서 루이즈가 어젯밤에 세탁했단다. 버질은 오늘 강도질을 하려면 그 옷을 입어야 하는데 무슨 소리냐고 되려 큰 소리다. 베이지색(beige) 셔츠를 다

171

1969,
Parody film/Crime,
1H 25M

려 놓았으니(iron) 그걸 입으라는 루이즈. 강도질을 하겠다
는데 베이지색 옷이 말이 될 소리냐며 짜증을 내는 버질.
진짜 둘 다 웃기는 짜장면들이다. 도대체 왜 은행강도는
베이지색을 입으면 안 된다는 걸까?

Louise: Why not?
Virgil: Because it's light. **I'll be an easy target**.

루이즈: 왜 안되는데요?
버질: 색깔이 연하잖아.
보나마나 눈에 너무 쉽게 띌 거라고.

은행 강도짓을 하기로 예정된 날에 입고 나갈 옷 때문에
아내와 실랑이를 벌인다. 우디 앨런이 쓴 대본이라서 가능
한 일이다. 우디 앨런은 20대에 코미디 작가로 출발했다.
그러다가 스탠딩 코미디언이 되었고 결국 영화감독까지 하
게 된다. 자기 자신을 주인공으로 내세우면서.

I'll be an easy target.

"눈에 쉽게 띌 거야."의 의미이다. 내가 의도적으로 easy
target이 되겠다는 게 아니라 이 옷을 입고 나가면 내 의도

172

와는 전혀 무관하게 당연히 easy target이 될 것이라는 말
이다. 단정적인 be 동사의 의미가 확실히 살아나는 문장이
다. an easy target은 '공격하기에 쉬운 목표물'이기 때문에
'눈에 잘 띄는 물건이나 사람'을 의미한다.

Why not?

"왜 안 된다는 거야?"의 의미이다. 상대가 부정어를 이용해
서 뭔가가 안된다던지 싫다고 말할 때 그 부정어 not를 그
대로 받아 사용하는 문장이다.

It's light.

"색이 연하잖아."의 의미이다. light가 무게를 말할 때는 '가
벼운'의 뜻이지만 색깔을 말할 때는 '연한'의 의미를 갖는다.

⑧

1969,
Parody film/Crime,
IH 25M

Will you ~?

직설적인 부탁의 구문이다. 단도직입적이다. 말을 돌려서
하지 않는다. 부탁임은 분명한데, 그리고 나름대로 예의를
지키고 있음은 분명한데 저돌적인 부탁이라서 듣는 사람
이 움찔할 수도 있다. 그리고 부담을 느낄 수도 있다. 우회
적이고 공손한 느낌을 전하는 Would you ~? 구문과는 사
뭇 느낌이 다르다. 가까운 사이에서, 그리고 대놓고 부탁
을 해도 좋은 상황이나 분위기에서는 Will you ~?가 좋다.

It's nothing.
Will you
trust me?

Hannah and Her Sisters

이 영화는 제목에서 보여 주는 것처럼 하나(Hannah)가 중심이다. 하나에게는 두 동생이 있다. 홀리(Holly)와 리(Lee). 주인공 하나는 결혼한 상태이고 홀리는 혼자 살고 있으며 리는 동거 중이다. 이 세 자매 중심의 영화 곳곳에 등장하는 인물이 있다. 바로 미키(Mickey)이다. 하나의 전 남편이었으며 홀리의 데이트 상대였다. 결국 조연인 듯한 주연이다.

미키는 어느 날인가부터 청력에 이상(hearing loss)이 생겼다. 몸의 이상에 과민반응을 보이는 특징이 있는 그는 스스로 뇌종양(brain tumor)을 의심하며 주치의의 개인 사무실을 방문한다. 가벼운 검사를 한 후 주치의는 만약을 위해서 병원 예약을 잡으려 한다(make an appointment at the hospital). 몇 가지 검사를 위해서다. 화들짝 놀란(get alarmed) 미키. 개인 사무실에서는 할 수 없는 정교한 청력검사(sophisticated audiometry tests)를 병원에서 해보자는 주치의. 주치의는 겁에 질린 미키를 안심시키려고 애쓴다.

Hannah and Her Sisters

Doctor: I just wanna rule out some things.

Mickey: Like what?

Doctor: It's nothing. **Will you** trust me?

의사: 몇 가지 가능성을 좀 없애고 싶어서 그런 거니까요.

미키: 어떤 건데요?

의사: 아무것도 아니예요. 저를 좀 믿어주시겠어요?

사실 누구나 그렇다. 검사받으러 가기 전까지 가뜩이나 불안한데 검사 이후에 큰 병원에 가서 확인해보자고 하면 어느 누가 불안하지 않을까. 누구라도 암을 걱정하고 의심할 법하다. 미키는 게다가 심기증 환자(hypochondriac)이다. 몸에 조금이라도 이상이 생기면 보통 사람들보다 훨씬 더 예민해지고 이성을 잃고 마는.

Will you trust me?

"나를 믿어줄래?"의 의미이다. Will you ~? 구문이 쓰였다. 부탁이다. 단도직입적이다. 괜찮다고 하는데 자꾸 불안해하면서 말을 들으려 하지 않으니까 앞서서 would를 이용하여 공손히 말하다가 태도를 바꾸어 약간은 강압적으로 묻는다. 하지만 친절함은 잃지 않으면서. 그럴 때 Will you

⑨

1986,
Drama/Comedy-drama,
IH 47M

~? 구문이 제격이다. 동사 trust는 '~을 신뢰하다', '~을 믿다' 등의 의미이다.

I just wanna rule out some things.

"그냥 몇 가지만 배제하고 싶은 것이야."의 의미이다. rule out ~은 '~이 가능한 일이 아니라고 결정하다'의 의미이다. 본 영화에서는 몇 가지 의심 가는 부분은 있지만 세심한 검사를 통해서 그럴 가능성은 전혀 없음을 확인하고 싶다는 뜻으로 쓰이는 문장이다.

⑨

Hannah and Her Sister

Will you let me take you there?

지니(Ginny)와 캐롤라이나(Carolina) 사이에서 갈등하는 미키. 미키는 자신보다 현명한 누군가와 대화를 나누고 싶다는 생각에 철학과에 다니는 친구 제이크(Jake)의 도움을 받고자 한다. 결국 캐롤라이나를 포기하고 지니만을 사랑하기로 결심한 미키. 하지만 그 순간 미키 앞에 캐롤라이나가 나타난다. 결심이 웬 말이냐. 미키는 주저없이 또 수작을 건다. 아무도 못 말린다. 이놈의 사랑이란…

피자를 좋아한다고 미키가 말했던 걸 기억하는 캐롤라이나는 브루클린에서 피자를 가장 잘하는 집을 알아왔다. 그래서 그 사실을 미키에게 알려준다.

Carolina: It's called Capri, it's a few blocks from the
boardwalk, not far from here.
Mickey: **Will you** let me take you there?

캐롤라이나: 카프리라는 가게에요. 보드워크에서

몇 블록만 가면 돼요. 여기에서 멀지 않아요.
미키: 나하고 같이 갈래요?

표정도 그렇고 하는 말투도 그렇고 어쩜 이렇게 순진무구
할 수 있을까, 캐롤라이나는… 겉보기에는 순수함의 끝판
왕이다.

Will you let me take you there?

"나하고 거기 같이 갈래요?"의 의미이다. Will you ~? 구문
은 '제안'의 의도로 쓰이고 있다. 우회적이지 않은 적극적
인 제안이다. 사역동사 let에는 '허락'의 의미가 포함되어
있다. 따라서 let me take you there는 '내가 당신을 거기에
데리고 가게 허락하다'의 뜻이다. 그래서 "거기 같이 갈래
요?"로 의역된 것이다.

It's called Capri.

"그것은 카프리라고 불린다."는 의미이다. 피자 가게 이름이
카프리라는 거다. call은 '~라고 부르다'는 의미이며 be called
는 '~라고 불리다'이다. "이건 뭐라고 불러요?"는 What do
you call this? 또는 What is this called? 라고 말한다.

⑪

It's a few blocks from the boardwalk,
not far from here.

"그건 보드워크에서 몇 블록 떨어져 있어요. 여기에서 멀지 않아요."의 의미이다. the boardwalk는 '가게들이 모여 있는 지역'을 의미한다. a few blocks from ~은 '~에서 몇 블록 떨어져 있는'의 뜻이다. far from ~은 '~에서 먼', '~에서 멀리 떨어져 있는' 등으로 해석한다.

⑪

can: 능력과 가능성

can의 중심은 능력이 내포된 가능성이다. 사람이 어떤 일을 해낼 수 있는 가능성에서부터 어떤 일을 통해서 어떤 결과가 생길 수 있는 가능성에 이르기까지 모든 가능성이 포함된다. can은 '직설적'이다. 그리고 '단정적'이다. 그럴 가능성이 있다고 못을 박는다. 그럴 능력이 있기 때문에 또한 그럴 가능성이 있다고 강조하는 것이다. 그렇기 때문에 can을 넣어서 말하는 사람은 절대적 책임을 수반한 상태에서 그 문장을 사용해야만 한다. 가능성이 있다고 단정적으로 말했는데 그 가능성에 의한 결과가 만들어지지 않으면 단순히 머쓱해지는 것을 떠나 아주 좋지 않은 결과에까지 이를 수 있기 때문이다.

　말을 구성하는 요소는 어휘와 문법이다. can을 사용할 때 어떤 의미를 전달하고 can을 사용했을 때 상대의 기분이 어떻게 달라지는가를 배우고 익혀야 한다. can을 그저 '~을 할 수 있다'로만 해석하고 넘어가는 것은 어리석은 짓은 물론 '위험천만한 짓'이 될 수도 있다.

40대에 들어선 우디 앨런에게는 무기력, 죽음, 사랑, 허무, 갈등, 무(無)쾌감, 섹스 등이 그의 생각을 지배하는 그만의 철학이었다. 그래서 그는 흥행이 보장된 코미디 소재를 과감히 버리고 깊은 인간 내면을 건드리는 자기성찰을 보여줌으로써 관객들에게 자양분 같은 선물을 하고 싶었다. 그래서 애니홀(Annie Hall)이 탄생했다. 애니홀은 여자 주인공의 이름이다. 이 영화의 남자 주인공은 우디 앨런이 직접 맡았으며 영화 속 이름은 앨비(Alvy)이다. 그의 어린 시절 성격과 집착을 의미하는 대화가 영화 시작 3분 후에 등장한다.

앨비의 엄마는 갑자기 우울증에 빠진 아들 앨비를 병원으로 데려간다. 우주가 팽창한단다(The universe is expanding). 팽창하면 결국 폭발(break apart)하고 그렇게 되면 모든 것이 다 끝난단다(the end of everything). 어린 앨비가 그렇게 말한다. 그래서 우울증에 걸렸단다.

Mom: He's been depressed.
All of a sudden he **can't** do anything.
Doctor: Why are you depressed, Alvy?

엄마: 얘가 지금 완전 우울증에 걸린 상태에요.
갑자기 아무것도 할 수 없는 상태가 되어 버렸네요.
의사: 앨비, 아니 왜 우울증에 걸린 거야?

우디는 자신의 세계관을 영화 주인공의 어린 시절 짧은 에
피소드 속에 여과 없이 실어 나르고 있다. 책에 나온 '우주
팽창이론'이 어린 앨비의 마음속에 죽음과 무기력을 불러
일으켰다. 그리고 허무와 갈등의 선상에서 방황하게 했다.

All of a sudden he can't do anything.

"갑자기 애가 아무것도 할 수 없게 됐어요."의 의미이다.
조동사 can이 쓰였다. 가능성과 능력이 혼재되어 있다. all
of a sudden은 '갑자기'이다. He can't do anything.은 "그는
그 어느 것도 할 수 있는 가능성이 없다."가 직역이다. 이것
은 "그는 그 무슨 일을 시켜도 그것을 할 수 있는 정신적
인 상태가 아니다."라는 단정적인 속뜻을 갖는다. 엄마가
처음에 던진 두 마디 말을 이어서 해석해보자.

⑫

185

1977,
Drama/Romance,
1H 33M

He's been depressed. All of a sudden
he can't do anything.

현재 완료는 '과거에 발생한 일이 지금 이 순간까지도 유효하게 이어지고 있음'을 의미한다. 그래서 보통 '계속', '요즘' 등을 넣어서 해석한다. 하지만 이보다 더 중요한 내용은 be 동사에 포함되어 있다. '단정적이고 단호한 사실'을 말할 때 이용한다. can은 '가능성'인 반면에 be 동사는 '사실 그 자체'이다. She's beautiful. 그녀가 예쁘다고 단정적으로 말한다. 그러면 주위에서는 나중에 배신감을 느낄지언정 그 말을 듣는 순간, 그 당장에는 그녀가 당연히 이쁠 것이라는 상상을 하게 된다. 사후 충격을 줄이기 위해서는 I think she's beautiful. 이라고, 그녀의 미모가 단지 나의 생각일 뿐이라고 몸을 사리며 말하는 것이 좋다. 영화 속 엄마는 아들을 가리키며 He's been depressed.라고 단정적으로, 마치 그것이 명백한 사실인 양 말한다. "얘가 계속 우울한 상태에요." 이 말을 듣는 사람은 그것을 완전한 사실로 받아들이게 된다. 이어서 엄마는 말한다. All of a sudden 그러더니 갑자기 he can't do anything 얘가 아무 것도 못하네요. 뭘 하라고 해도 얘가 정신적으로 그걸 할 수 있는 상태가 전혀 아닌 거예요. be 동사와 can을 동시에 연결시키면서 증폭된 단정성, 그 느낌이 감지되는가?

⑫

186

엄마의 이 말을 듣고 정말 이 아이가 우울증에 걸렸음을 확신한 의사는 당사자인 앨비에게 묻는다. Why are you depressed? 그렇다. 엄마의 말에 세뇌된 의사는 어린 앨비가 우울증에 걸려 있음을 확신하고 be 동사를 이용해서 질문하고 있잖은가?

1977,
Drama/Romance,
1H 33M

여섯 살짜리 초등 1학년인 앨비(Alvy)는 학교에서 선생님과 학생들을 당혹하게 하기에 충분했다. 그는 여학생에게 다가가 느닷없이 볼에 키스한다. 여학생은 소리를 지르며 온갖 인상을 찌푸린다. 그 상황을 지켜본 선생님은 앨비를 꾸짖기 위해 교실 앞쪽으로 나오라고 소리친다. Step up here! Step up here! 내가 뭘 잘못했냐며 소리치는 앨비, What did I do? What did I do? 어른이 된 현재의 앨비가 어린 앨비의 자리에 앉아서 어린 앨비를 변호한다. 창피한 줄 알라(be ashamed of yourself)는 선생님의 호통에 그저 건전한 성적 호기심(healthy sexual curiosity)이었다고 말한다. 여섯 살 남자아이가 여자아이를 마음에 품지는 않는다는 선생님의 논리에 앨비는 자기는 그랬다고 말한다. 이때 앨비에게 기습 키스를 당한 여자아이가 말한다.

Girl: For God's sakes, Alvy!
Even Freud speaks of a latency period.

188

Annie Hall

Alvy (adult): Well, I never had a latency period.
I can't help it.

여자아이: 말도 안 되는 소리 하지 마, 앨비.
정신분석학자인 프로이드도 성의 잠복기에
대해서 말하고 있어.
앨비(성인): 그런데, 나는 잠복기 같은 건 전혀 없었어.
나도 어쩔 수 없다고.

우디 앨런이 실제로 어렸을 때 이랬을까 싶다. 단순한 상
상력? 천재다 천재. 나는 우디의 실제 경험에 한 표를 던지
겠다. 정말 직접 만나보고 싶다, 우디 앨런.

I can't help it.

"나도 어쩔 수 없어."의 의미이다. 조동사 can이 쓰였다. 역
시 가능성과 능력의 느낌이 물씬 난다. 그런데 앨비는 왜
이 말을 했을까? 단순히 이 문장의 뜻만을 외우고 넘어가
는 것은 정말 무의미하다. 그렇게 되면 이 문장을 전혀 활
용할 수 없다. 이 문장을 사용하게 된 맥락을 정확히 이해
해야 한다. 프로이드의 정신분석학에서는 성적 잠복기라
는 게 있을지 모르지만 내게는 그런 게 전혀 없다. 그러니

⑫

1977,
Drama/Romance,
1H 33M

낸들 어쩌겠느냐. 나로서는 이런 성적 호기심을 통제할 수 있는 방법이 없다. 그런데 이게 뭐가 잘못된 거냐? 내 생리적인 현상을 나더러 어쩌란 말이냐? 이런 맥락에서 터져 나온 말이 바로 I can't help it.이다. "나도 어쩔 수 없다.", "나더러 어쩌란 말이냐?" 이런 느낌이 두루두루 포함되어 있다. 가능성을 의미하는 조동사 can은 이처럼 단정적이고 당돌함마저 느끼게 한다. 부정어 can't는 '가능성이 완전히 배제된 상태'를 말한다. 그래서 나로서는 이래저래 방법을 써보지만 그것이 해결될 가능성은 전혀 보이지 않는다는 처절함이 포함되어 있다.

Even Freud speaks of a latency period.

"정신분석학자인 프로이드도 성의 잠복기에 대해서 말하고 있어."의 의미이다. 여섯 살짜리 꼬마 여자아이가 세상에... 프로이드를 말한다. 이게 조숙한 건지... 그냥 귀동냥으로 들은 소리를 그게 무슨 뜻인지도 모르고 저리 떠드는 거겠지? speak of ~는 '~에 대해서 말하다'의 의미이다. 진지하고 중요한 주제를 말할 때 동사 speak를 이용한다. latency period는 프로이드가 말하는 '성의 잠복기'이다. '다섯 살때부터 사춘기에 이르기까지의 기간'을 뜻하며 이 기간에는 성에 대한 관심과 행위가 감소된다는 것이다. 꼬마는 말한다. 그 유명한 프로이드 아저씨가 정의한 성의 잠복기만 봐도 다섯 살때부터는 성적 표현이 자제되고 감소된다는데 너는 어떻게 여섯 살이면서 대놓고 성적인 행위를 할 수 있어? 내 볼이 너의 성적 행위의 대상이야? 너 변태야?

꼬마야, 너무 무섭구나, 너.

1977,
Drama/Romance,
IH 33M

해변을 좋아하면, 놀이기구를 좋아한다면 코니아일랜드
(Coney Island)를 놓치지 않는다. 뉴욕시에 있어서 더욱
매력적이다. 1950년대 이곳을 배경으로 벌어지는 이야기
가 우디 앨런의 〈Wonder Wheel〉에 있다. 저스틴 팀버레이
크의 내레이션으로 영화는 시작된다. 저스틴은 1995년 보
이 밴드 NSYNC(앤씽크)의 보컬로 데뷔해서 인기를 누
렸다. 불과 14세이던 그 당시에도 참 인상적인 외모였다.
NSYNC가 해체되면서 솔로로 성공적인 활동을 하다가
2008년부터 2012년까지 노래는 잠정 중단하고 연기에 몰
입한다. 그러다가 다시 2013년에 가수로서 활동을 시작했
으며 2017년에 바로 〈Wonder Wheel〉에 모습을 드러냈다.

글쎄… 많은 일반적인 영화들에서 보는 현상이지만 특
히 우디 앨런의 영화는 참 우울하다. 갈등의 깊이가 너무
깊게 묘사되어서 영화를 보는 내내 늘 우울하고 피곤하
다. 죽음의 대화와 실행은 늘 우디 앨런 영화의 축이다.

영화가 시작되면서, 아버지를 찾아 코니아일랜드를 방문

하는 딸 캐롤라이나(Carolina)는 다짜고짜 아무에게나 아버지 험프티(Humpty)의 소재를 묻는다. 워낙 좁은 지역인지라 용케도 아버지를 아는 사람이었다. 아버지는 회전목마를 작동시키는 일(work the carousel)을 한단다. 하지만 오늘은 야간근무(work nights)라서 여기에서는 당장 만날 수가 없단다.

Carolina: Do you know where he lives?
Man: Uh, it's around here. You **can** ask Ginny.

캐롤라이나: 어디에 사시는지 아세요?
남자: 어, 이 근처인데. 지니에게 물어보면 되겠네요.

캐롤라이나의 등장이 만만치 않다. 고요한 해안가에 폭풍이 몰아칠 듯. 외모와 말투가 그렇다. 우디 앨런의 전문 스토리라인을 생각해보면 캐롤라이나로 인해서 발생할 삼각관계... 내지는 사각 관계? 그 대상들은 과연 누구? 몹시 궁금하다.

You can ask Ginny.

"지니에게 물어보면 될 거요."의 의미이다. 조동사 can이 나왔다. 당연히 '능력'을 말하고 있지 않다. 혹시 '허락'을 생각하고 있는가? 그런데 생각해보라. 처음 만난 사람에게 여러분은 "내가 허락하노라. 지니를 만나라." 이런 식으로 말할 수 있겠는가? 이 문장에서는 '허락'이 아니라 완벽한 '가능성'이다. You can ask Ginny. "나는 정확히 모르겠는데 그의 아내인 지니에게 가서 물어보면 알 수 있겠네." 이 뜻이다.

〈Wonder Wheel〉에는 '가능성'으로 쓰이는 You can이 또 한 번 등장한다. 처음에는 딸 캐롤라이나를 쫓아내려던 아버지 험프티는 결국 그녀와 함께 지내기로 결정하고 아내에게 아내가 일하고 있는 곳에 일자리를 마련해줄 수 있는가를 묻는 장면이다.

Maybe you can get her a job at that clam joint
you're working at.

"혹시 당신이 일하는 조개 요리 레스토랑에 캐롤라이나 일자리를 구해줄 수 있을까?"의 의미이다. 조동사 can이 정확히 '가능성'의 의미로 쓰이고 있다.

⑪

194

I look so incredibly handsome with a cigarette that I cannot hold one.

Manhattan

맨하탄(Manhattan). 그들은 맨해튼이라고 발음한다. 미국인 모두가 동경하는 곳이다. 세계의 문화, 금융, 그리고 미디어와 엔터테인먼트의 수도(capital)라고 일컬어지는 뉴욕의 자치구(borough)이자 뉴욕의 상징이다. UN 본부, 월 스트리트(Wall Street), 메트로폴리탄 뮤지엄(The Metropolitan Museum of Art), 매디슨 스퀘어 가든(Madison Square Garden), 브로드웨이(Broadway), 타임스퀘어(Time Square), 센트럴 파크(Central Park) 등 귀에 익숙한 건물, 장소들이 모두 이곳에 모여 있다. 맨해튼의 분주함은 New York minute이라는 신조어를 낳았다. '아주 짧은 시간'이라는 의미이다. 유명한 미국 밴드 이글스(Eagles)의 리드 보컬이었던 돈 헨리(Don Henley)는 자신의 솔로 앨범에 ⟨New York Minute⟩라는 곡을 실어서 큰 인기를 얻기도 했다. 우리에게도 유명한 팝송 ⟨New York State of Mind⟩는 빌리 조엘(Billy Joel)의 곡이다. 우리나라 가수들도 ⟨New York State of Mind⟩를 많이 리메이크했다. 그중에 최고는 임재범이 부른

196

‹New York State of Mind›. 지금 당장, 유튜브에 올라 있는 임재범의 그 노래를 만나 보시길…

우디 앨런은 바로 이 뉴욕에서 태어났다. 1935년 12월 1일. 그가 태어난 날이다. 그의 영화에서 뉴욕을 확인하는 것은 매우 쉬운 일이다. 급기야 그는 1979년에 영화 ‹Manhattan›을 만든다. 지금까지 우디 앨런 최고의 영화 중 하나로 꼽히는 작품이다. 우디는 38세에 요절한, 역시 뉴욕 출신의 작곡가이자 피아니스트인 조지 거슈윈 (George Gershwin)의 음악을 좋아했다. 그의 음악을 듣는 중에 영감을 받아 만들게 된 영화가 바로 ‹Manhattan›이다. 그것도 흑백 로맨틱 영화다.

영화는 조지 거슈윈의 대표곡 Rhapsody in Blue를 배경음악으로 깔면서 주인공 아이작(Isaac; 우디 앨런 분)의 내레이션으로 시작된다. 내레이션이 끝나고 실제로 1979년 영화 촬영 당시 성업 중이던 맨해튼의 바(bar) 겸 식당, 일레인즈(Elaine's)로 화면이 옮겨지면서 주인공들의 모습이 본격적으로 등장한다. 극 중 주인공 아이작은 두 번 결혼에 실패한 42세의 TV 코미디 작가이다. 그는 현재 달튼 스쿨(Dalton School)에 다니는 17세의 고등학생 트레이시 (Tracy; 매리얼 헤밍웨이 분)와 데이트 중이다. 정말 제정신이 아니다. 하지만 그게 우디의 영화 속이라면 그다지 놀랄 일도 아니다. 둘의 대화가 시작된다.

⑩

197

1979,
Drama/Comedy-drama,
1H 36M

Tracy: You don't smoke.

Isaac: I know I don't smoke. I don't inhale
because it gives you cancer, but I look so incredibly
handsome with a cigarette that I **cannot** hold one.

트레이시: 아저씨 담배 못 피우잖아요.

아이작: 못 피우지. 난 담배 연기를 들이키지 않아.
암을 유발하거든. 하지만 내가 담배 한 개비를
물고 있으면 치명적으로 잘생겨 보이잖아. 그러니 이걸
내가 어찌 중단하겠어.

이 근거 없는 치명적인 자신감은 뭘까? 담배 피우는 모습
이 멋있다? 정말 예전에는 그랬다. 담배 피우는 모습이 멋
있다는 생각에 폼으로 담뱃불을 붙여 들고 다니면서 피우
는 시늉을 했던 사람들이 정말 많았다. 그런데 그런 사람
들이 미국에도 있었다니… , 거참.

I look so incredibly handsome with a cigarette
that I cannot hold one.

내가 믿기지 않을 정도로(incredibly) 잘생겨 보인단다(look
handsome). 그 정도가 너무 심하지(so). 그런데 그게 담배를

198

한 대 물고 있을 때(with a cigarette)라니... 그렇다면 내가 어찌 담배를(one) 중단할(hold) 수 있겠느냐 말이다. 그렇다. '이런 상황에서 나는 담배 무는 행위를 중단할 수 있는 능력도, 그럴 가능성도 없다'는 것이다. 그래서 조동사 can이 쓰였다. 해석이 쉽지 않은 문장이다. so와 that의 사이가 너무 떨어져 있어서 '너무 ~해서 ... 하다'의 해석이 쉽게 떠오르지 않는다. 또한 hold의 의미가 우리에겐 여간 낯선 게 아니다. 뭔가를 '저지하다', '중단하다' 등의 의미를 포함한다.

40대 아저씨가 10대 소녀 앞에서 이게 어디 할 말인가...

You don't smoke.

"아저씨는 평소에 담배 피우지 않잖아요."의 의미이다. 현재 시제를 이용했다. "아저씨는 담배 못 피우잖아요."로 해석해도 좋다. 습관을 말할 때 현재 시제를 이용한다는 사실을 절대 잊지 말아야 할 일. 주어만 바꾸면 한결 활용이 쉬워진다. I don't smoke.는 "나 담배 안 피워." 또는 "나 담배 못 피워."의 의미로 사용한다. "나 술 못 마셔."는 당연히 I don't drink.이다.

I don't inhale because it gives you cancer.

1979,
Drama/Comedy-drama,
1H 36M

"나는 담배 연기를 들이키지는 않아. 암을 유발하니까."의 의미이다. I don't inhale은 "나는 담배 연기를 들이키지 않는다"는 의미이다. inhale은 '들이키다', exhale은 '내뱉다'이다. 그 이유(because)는 담배 연기가 암을 유발하기(gives) 때문이다. 암 자체를 말할 때는 관사 없이 cancer로만 표현한다. 주절에는 I를 쓰고 종속절에는 me가 아닌 you를 사용한 이유는 you가 '모든 사람'을 상징하기 때문이다. 따라서 이 문장의 보다 정확한 해석은 "내가 담배 연기를 들이키지 않는 이유는 담배 연기가 보통 사람들에게 암을 유발하기 때문이야."가 된다.

can: 허락

can에는 '허락'의 의미가 포함되어 있다. 대놓고 하는 허락과 에둘러서 하는 허락이 모두 포함된다. 사실, 이게 '허락'인지 '가능성'인지 구별이 되지 않을 정도로 애매한 경우도 있다. 그렇다면 굳이 그게 허락이네 가능성이네 따지고 싸울 이유가 있을까? 그저 폭넓게 한 울타리 안에서 봐주면 될 일.

I can't sit here
arguing with you.
I have to go to
work.

영화와 현실. 그다지 동떨어져 있지 않다. 사실 더 영화 같
은 현실도 존재한다. 드라마 속 사건들이 더욱더 그렇다.
우디 앨런은 〈Wonder Wheel〉에서 술만 마시면 아내를 구
타하는 남편을 주인공으로 등장시켰다. 그래서 아내는 남
편이 술 마시는 것을 필사적으로 막는다. 아내에게는 전
남편에게서 낳은 아들이 있다. 아직 꼬마다. 꼬마는 계부
를 싫어한다. 아버지로 인정하지도 않는다. 가장 큰 이유
는 술만 마시면 엄마를 때리기 때문이다.

SON: Why does he hit you?
MOM: He doesn't hit me. Yeah, when he gets drunk,
he hits everybody but he hardly drinks anymore.
I **can't** sit here arguing with you.

아들: 그런 사람이 왜 엄마를 때려?
엄마: 때리긴 누가 때린다고 그래. 그래, 술을 마시면

아빠는 엄마만 때리는 게 아니라 닥치는 대로
아무나 때리는 거야. 하지만 더 이상 술 안 마시잖아.
엄마가 지금 너하고 여기에 앉아서 말싸움하고
있을 수가 없어.

우디 영화에 등장하는 꼬마들은 정말 웃긴다. 꼬마는 무
슨... 완전 어른 뺨친다. 그런데, 그럴 만도 하다. 새로 나타
난 아버지라는 작자가 허구한 날 술만 마시면 엄마를 때리
니... 그걸 지켜보는 사람 중 아버지를 응원할 자가 누가
있겠는가. 어린 나이에 상처가 크다. 그래서 그를 아버지
라 부르지 않는다. 그러긴커녕 증오한다. 그런데 당사자인
엄마는 또 생각이 다른가 보다. 아들과 승강이질해 봐야
무슨 정답이 나오는 것도 아니고. 아이고, 이제 그만하자,
그만.

I can't sit here arguing with you.

"내가 여기에 앉아서 너하고 이러쿵저러쿵 승강이질할 수
가 없어."의 의미이다. 조동사 can이 쓰였다. 애매하다. 허
락인지 가능성인지. 그걸 따져서 뭐 한담. 그래도 따져 보
자. 왜냐하면? 내가 출근해야 하니까 말이지(I have to go
to work). 결국 출근해야 하는 상황에서 너와 대화하는 건

204

사치이다. 지금 그런 사치를 나 자신에게 허락할 수는 없다는 뜻이다. 그리고 '가능성'이려면 어느 정도의 '능력'이 포함되어야 하는데 여기에 앉아 있는 것과 '능력'과는 무관하므로 '허락'으로 보는 게 좋겠다.

arguing with you에서 arguing은 현재 분사형이다. 현재 분사형의 의미는 '~하면서'이다. 따라서 arguing with you는 '너와 논쟁하면서'로 이해한다.

Why does he hit you?

"그는 왜 당신을 때리는가?"의 의미이다. 현재 시제가 쓰였다. 따라서 '평소에 툭하면 때린다'는 의미를 전한다. 현재 시제의 의미를 정확히 이해하고 해석하는 것이 중요하다.

He hardly drinks anymore.

"그는 더 이상은 술을 마시지 않는다."의 의미이다. 부사 hardly는 '거의 ~이 아니다'의 의미를 전한다. 따라서 hardly drinks는 '거의 술을 마시지 않는다'가 되고 anymore가 붙으면서 '더 이상 거의 술을 마시지 않는다'로 이해한다.

⑪

2017,
Drama,
IH 4IM

주인공 길(Gil)은 성공한 시나리오 작가다. 하지만 소설가가 되고 싶어 한다. 그는 파리를 동경한다. 특히 비 내리는 파리. 1920년대의 파리 모습을 그린다. 당시의 작가들과 화가들을 떠올린다. 그가 집필 중인 자신의 첫 번째 소설의 주인공은 과거를 회상시키는 옛 물건들을 파는 가게에서 일한다. 파리에서의 밤. 길 앞에 놀라운 일이 벌어진다. 밤 12시 종이 울린다. 그리고 주변은 1920년대로 변한다. 그 당시의 자동차가 그의 앞을 지나다 말고 정지하더니 길을 한 파티 장소로 데려간다. 그곳에서 그는 놀라운 경험을 한다. 〈위대한 개츠비〉를 쓴 스콧 피츠제럴드(F. Scott Fitzgerald)를 만난다. 대애박. 그리고 스콧과 함께 자리를 옮겨 도착한 다른 파티 장소에서 그는 헤밍웨이를 만난다. 이게 도대체… 스콧을 통해 길이 작가임을 소개받은 헤밍웨이와 길의 대화가 시작된다.

헤밍웨이는 길이 쓰고 있는 소설의 내용을 묻는다. 길 소설의 주인공은 옛날 물건을 파는 가게(nostalgia shop)에

서 일한다. 길은 헤밍웨이에게 자기 소설을 읽어봐 줄 수
있는지 부탁한다.

Gil: Does that sound terrible?
Hemingway: No subject is terrible if the story is true.
Gil: **Can** I ask you the biggest favor in the world?

길: 들어 보시기에 형편없을 것 같은가요?
헤밍웨이: 이야기가 충실하면 어떤 주제도
형편없지 않습니다.
길: 정말이지, 세상에서 제일 큰 신세를 좀 져도
괜찮을까요?

⑥

내가 쓴 글을 헤밍웨이가 읽고 평가해준다? 가문의 영광
이다. 우디 앨런의 상상력은 꾸준히 탁월하다. 생각을 그
저 생각에만 가두지 않고 영화라는 현실 속에서 풀어내
는 실험정신이 탁월하다. 2011년에 발표된 ‹Midnight in
Paris›는 2012년 아카데미와 골든 글로브 각본상을 받았
다. 설탕 같은 달콤함과 쾌감을 느끼게 하는 이야기의 전
개, 그리고 툭툭 내뱉는 우디 앨런 특유의 정서가 잘 묻어
난 시나리오였기에 그런 큰 상을 휩쓸었을 것이다.

2011,
Fantasy/Romance,
1H 40M

Can I ask you the biggest favor in the world?

"제가 이 세상에서 이보다 더 엄청날 수 없는 부탁을 좀 드려도 될까요?"의 의미이다. 조동사 can이 쓰였다. '허락'을 구하고 있다. 부탁하고 싶다. 지금 이 순간 정말 세상에서 이보다 더 크고 소중한 부탁이 없다. 그 부탁을 지금 해도 되는지 허락을 구하고 있다. Can I ask you, 부탁을 좀 해도 될까요... the biggest favor, 가장 커다란 호의를 말이죠... in the world, 지금 이 세상에서 가장 커다란 호의를 부탁드리고 싶은데... 말은 당당하게 하더라도 이 말을 내뱉는 사람의 표정과 마음에는 한없는 떨림이 자리하는 표현이다.

보통은 이렇게 말한다. Can I ask you a favor? 부탁 좀 하나 해도 될까...? 라고. 우리는 '아' 다르고 '어' 다르다고 한다. 영어는 어떤 단어를 어떤 형태로 구사하느냐가, 그리고 그 단어가 어떤 문법에 실려서 하나의 문장이 완성되느냐가 그 문장의 감정과 사용되는 환경을 결정한다.

Does that sound terrible?

"그게 형편없이 들리나요?"의 의미이다. 자신의 작품에 자신감이 없다. 아무래도 첫 소설 작품이니 조심스럽고 부담

208

이 되는 건 사실이다. 게다가 거장인 헤밍웨이 앞에서 내 소설의 주제를 말하면 단번에 전체 스토리가 어떻게 진행될 거라는 사실을 감 잡을 수 있을 것 같아서 부끄러운 마음에 질문한다. "옛 생각이 나는 기념품을 파는 가게에서 일하는 남자 이야기라는 얘기(that)를 들으니 그 스토리가 영 형편없을 것(terrible)처럼 들리는지요(sound)". 라는 뜻이다.

No subject is terrible if the story is true.

"어떤 주제도 스토리가 진실하면 형편없지 않습니다."의 의미이다. 스토리에 자신이 없는 작가에게 해줄 수 있는 최고의 찬사로 들린다. 스토리의 잔재미보다는 '진실한 스토리', 그게 중요하다는 거다. subject는 '주제', terrible은 '형편없는'의 의미이다.

⑥

2011,
Fantasy/Romance,
1H 40M

모더니즘(Modernism). 1920년대에 태동한 철학 사조(思潮)이다. 이는 문학, 미술, 종교 등 문화 전반에 확산되었다. 말 그대로 '근대주의', '현대적 사상'이다. 전통적인 문학, 건축, 미술, 종교, 철학, 그리고 과학 등 그 모든 것이 시대착오적이고 당시에 산업화된 세계의 새로운 경제, 사회, 그리고 정치적 환경에 전혀 맞지 않는다고 주장하는 것이 모더니즘이었다.

거트루드 스타인(Gertrude Stein)은 모더니즘의 핵심 인물이었다. 그녀는 미국인이며 소설가, 시인, 극작가, 그리고 미술품 수집가였다. 1903년에 프랑스 파리로 건너간 그녀는 그곳에서 문인들과 화가들이 모여 사상을 논하고 여가를 즐길 수 있는 살롱(salon)을 운영했다. 그 살롱에 드나들던 사람 중에는 파블로 피카소(Pablo Picasso; 스페인의 화가), 어니스트 헤밍웨이(Ernest Hemingway; 미국의 소설가), 스콧 피츠제럴드(F. Scott Fitzgerald; 미국의 소설가), 에즈라 파운드(Ezra Pound; 미국의 시인), 앙리 마티

Midnight in Pari.

스(Henri Matisse; 프랑스의 화가) 등이 있었다. 모두 모더니즘의 핵심 인물들이다.

〈Midnight in Paris〉는 주인공 길(Gil)을 1920년대 바로 그 살롱으로 보낸다. 자신의 소설 원고를 읽어줄 수 있냐는 길의 부탁을 받은 헤밍웨이는 자신이 직접 그 소설을 읽고 싶지는 않지만 거트루드 스타인에게 보여는 주겠다고 제안한다. 이에 길은 또 다른 흥분을 감추지 못한다.

> Gil: I'm gonna go get it. I'm gonna...
> I **can't** tell you how excited I am!

> 길: 가서 제 소설을 가져오겠습니다.
> 제가 정말... 어떻게 말씀드려야 할지요. 제가 지금 얼마나 흥분되는지 말로 다할 수 없습니다.

어쩌다 내게 이런 기적이... 누구나 한 번쯤은 내게 기적이 일어나기를 바란다. 실제로 일어나지 않는, 절대 일어날 수 없는 기적이라도 매일 바라고 또 바라면 그 기적이 내게 일어날 수도 있을 것 같다. 그런 기적을 영화를 통해서 마음껏 발산하는 우디 앨런. 부럽다. 그리고 그의 의도 이상으로 멋지게 연기해내는 배우들이 정말 존경스럽다.

2011,
Fantasy/Romance,
1H 40M

I can't tell you how excited I am.

"저의 지금 엄청난 흥분상태를 말로 다 드릴 수가 없네요."의 의미이다. 조동사 can이 쓰였다. 하지만 이 문장에서의 can은 '허락'이 아니라 '가능성'이다. 그러나 영화 스토리의 맥락상 '가능성'이 아닌 '허락'의 파트에서 소개한다. "나는 당신에게 제대로 말할 수가 없다. 그럴 수 있는 가능성이 전혀 없다. 아니 능력도 되지 않는다(I can't tell you). 내가 지금 얼마나 흥분한 상태인지(how excited I am)를 말이다. 왜? 내가 지금 극도의 흥분상태이기 때문이다."는 의미를 담고 있는 문장이다. how excited I am은 '내가 매우 흥분한 상태'임을 뜻한다. how 다음에 형용사가 나오면 형용사의 의미가 강조된다. 이 영화 속에는 How wonderful! (정말 잘됐어요!), how conflicted he is(그가 지금 얼마나 갈등하고 있는지) 등의 표현이 등장한다.

I'm gonna go get it.

"가서 그걸 가지고 오겠습니다."의 의미이다. be going to에는 will처럼 '주어의 의지'가 포함되어 있다. 하지만 be 동사의 존재로 인해서 더욱 단정적이고 확실한 미래를 의미한다. 몸은 여기에 있지만, 마음은 이미 가고 있는 중(going)

이니 이보다 더 확실할 수 없다. go get it는 go and get it에서 and가 생략된 형태이다. '가서 그것을 가지고 오다'의 의미이다.

2011,
Fantasy/Romance,
1H 40M

You can't think of that now.

Manhattan

영화 Manhattan. 얽히고설킨 인물 관계도. 17세 고등학생과 연인 관계인 주인공은 가장 친한 친구의 정부와 바람이 난다. 17세인 트레이시(Tracy)는 아버지뻘인 주인공을 몹시 사랑한다. 바람이 나서 정신없는 아이작(Isaac)과 순수하기 이를 데 없는 트레이시는 오랜만에 만남을 갖는다. 그 자리에서 트레이시는 영국의 London Academy of Music and Dramatic Arts로부터 입학 허가를 받은 사실을 아이작에게 전한다. 트레이시는 아이작과 함께 런던에 가기를 원하지만…

Isaac: Hey, I can't go to London and study.
Tracy: So what happens to us?
Isaac: What kind of question is that? You **can't**
think of that now.

아이작: 얘야, 난 런던에 가서 공부할 수가 없잖아.

215

1979,
Drama/Comedy-drama,
1H 36M

트레이시: 그러면 우리는 어떻게 되는 거예요?
아이작: 그런 질문이 어디 있어?
지금은 그런 거 생각하지 마.

사랑은 누구도 제어할 수 없다. 그리고 사랑은 나이를 관찰하지 않는다. 사랑은 미래에 닥칠 수도 있는 가능성과 그에 따른 결과를 거부한다. 사랑은 미래가 아니라 현재이기 때문이다. 미래를 생각하면 현재를 놓친다. 적어도 사랑은 그렇다. 그런데… 이 아이는 도대체 어떤 치명적인 매력을 아이작에게서 느낀 것일까?

You can't think of that now.

"네가 지금 그런 걸 생각할 수는 없는 거지."의 의미이다. 조동사 can이 쓰였다. '허락'이자 '충고'의 느낌이다. 대놓고 하는 '충고'가 아니라 '허락'의 느낌을 내포한 충고다. '그럴 수는 없는 거지', '어떻게 그럴 수가 있어?', '그렇게 한다면 그건 말이 안 되는 거지' 등의 느낌이 살아 있다. 물론 말하는 사람이 '허락'할 입장은 아니지만 '허락'의 느낌이 분명히 살아 있다. 이 문장은 정확히 "너 그러지 마. 지금 네가 그렇게 생각할 게 아니야," "네가 지금 그런 거 생각할 상황이 아니야," "어떻게 지금 그런 생각을 할 수가 있어?

그러지 마.” 등으로 이해한다.

I can't go to London and study.

“나는 런던에 가서 공부할 수가 없어.”의 의미이다. 이 문장에서의 조동사 can't는 ‘허락’이 아니라 ‘가능성’이다. “내가 지금 런던에 가서 공부할 수 있는 가능성은 전혀 없다.”는 의미이다. 같은 can이라도 상황에 따라서 각기 다른 느낌을 전할 수 있다. 눈에 띄는 게 전부는 아니다. 형태는 같더라도 문장의 분위기와 상황에 따라서 어휘의 의미는 상상을 초월할 정도의 변화를 가질 수 있다. 물론 근본 의미의 변화는 거의 없지만 말이다.

What kind of question is that?

“그건 무슨 질문이야?”가 아니라 “그런 질문이 어디 있어?” 정도로 이해한다. 상대의 질문이 말이 안 되고 의미 없는 질문이라는 것이다. “그런 질문은 하지도 마.” 정도로 이해해도 좋다.

⑩

1979,
Drama/Comedy-drama,
1H 36M

유부남과 바람을 피운다. 그러면서 그 유부남의 친구와 2차 바람을 피운다. 이쯤 되면 순간순간 쌓이는 스트레스와 불안감, 그리고 자신의 부도덕성은 스스로를 조울증 환자로 만들기에 충분하다. 시간이 지나면서 2차 바람의 대상인 아이작의 적극성에 비례해 메리(Mary)의 스트레스 지수는 치솟는다.

Mary: I **can't** go from relationship to relationship.

I **can't** do it.

Isaac: Well, what... Are you still hung up on Yale?

메리: 나 이런 식으로 남자를 갈아탈 수는 없어요.

나 그럴 수 없어요.

아이작: 에, 그게... 당신, 아직도 예일을

잊지 못하는 거야?

218

바람 이야기. 주변에서도 심심찮게 들린다. 무슨 이유가 있겠지. 그래서 바람을 피우는 거겠지. 하지만 절대 이해해서는 안 되는 일들이 있다. 대표적인 게 바람이다. 바람이 불면 날아간다. 바람이 심하게 불면 남아나는 게 없다. 그래서 바람이다.

I can't go from relationship to relationship. I can't do it.

"나는 관계에서 관계로 바로 넘어갈 수는 없어요. 그렇게는 못 해요."의 의미이다. 조동사 can이 '허락'과 '용납'의 의미로 쓰이고 있다. 자신 스스로 허락하는 것이다. 우리로서는 상상불허의 문장이다. '관계에서 관계로 가다'. 이게 무슨 뜻인가. relationship은 그 많은 관계 중에 남녀의 '연인관계'의 의미로 쓰이고 있다. 한 사람과의 연인관계가 끝나면 한동안 혼자 지내다가 다른 사람을 만나게 되는 게 일반적이다. 그런데 그 연인관계가 끝나기도 전에 다른 남자와의 관계에 본격적으로 돌입하는 것, 그것이 바로 go from relationship to relationship이다. 이 상황을 우리는 '남자(여자)를 갈아타다'라고 속어로 흔히 표현한다. 동시에 계속 두 사람과 데이트 하는 '양다리를 걸치다'의 경우와는 다르다. 결국 본문은 "나는 예일과의 관계를 정리하면서 바로 당신과의 관계로 넘어갈 수는 없어요. 내가 그건

1979,
Drama/Comedy-drama,
1H 36M

용납할 수 없어요."로 이해한다. I can't do it.은 물론 앞에서 한 말을 다시 한 번 반복하고 있는 경우이다. "난 그럴 수 없다고요." 정도의 이해가 좋다. 메리가 그럴 수 없다고 말하는 이유는 그런 행위가 senseless하기 때문이라고 한다. 그건 의식이 없는 사람이나 하는 짓이고 그런 행위는 아무런 의미 없는 것이며 정말 무분별한 짓이라고 말하는 것이다. 아니, 그걸 아는 사람이 지금 이중으로 바람을 피우고 있는 거야? 어허, 참내...

Are you still hung up on Yale?

"당신 아직도 예일을 잊지 못하는 거야?"의 의미이다. hang up은 뭔가를 걸어 놓던지 매달아 놓는 것을 뜻한다. be hung up은 '마음이 걸려 있다', '마음이 매달려 있다' 등의 뜻이다. 결국 be hung up on somebody의 형태는 '마음이 ~에게 매달려 있다' 즉, '~을 지나치게 생각하다,' '~의 생각에 전전긍긍하다' 등의 의미를 갖게 된다. 따라서 본문에서는 "당신 아직도 예일 생각에 전전긍긍이야?" 정도로 이해한다.

Manhattan

could: can의 과거

조동사 can의 과거형이다. 따라서 can이 가지고 있는 의미
를 시제만 바꾸어서 고스란히 사용할 수 있다.

can의 과거라고 해서 마냥 쉬운 것만은 아니다. 문장 안
에서 '시제의 일치' 문법에 따라 can이 could로 바뀌는 경
우에 각별히 신경 써야 한다. 문장을 이끄는 동사의 시제
가 과거라면 목적절이나 보어절에 등장하는 can은 형태상
could로 바뀌어야 한다. 그것이 시제의 일치에서 기본이다.

④

케이트 블란챗은 목소리도 참 좋다. 중저음이 대단히 매력적이다. 영화의 시작과 함께 케이트의 수다는 지칠 줄 모른다. 비행기 안에서 옆 좌석에 앉은 전혀 이름 모를 할머니에게 자신의 이야기를 쏟아낸다. 맥락 없이 무방비 상태로 그녀의 수다에 노출된 할머니는 엉겁결에 예의상 감탄사만 두어 번 던질 뿐. 아니 뭐, 할머니의 입장에서는 같이 말을 섞고 싶은 생각이 요만큼도 들지 않았다는 게 더 옳은 표현인 듯싶다.

기내에서 내려 수하물 찾는 곳까지 가는 내내, 그리고 수하물 찾는 곳 앞에 서서도 짐을 기다리는 중에도 줄기차게 그녀의 수다는 끝을 찾지 못하고 있다.

Jasmine: I'll be staying with my sister, Ginger.
She's divorced. I **couldn't** stand her ex-husband.

재스민: 전 제 동생과 함께 머물 거예요. 아마도.

222

Blue Jasmine

개 이름은 진저죠. 이혼했어요.
동생 전남편은 정말 봐줄 수가 없었어요.

친절한 표정으로 재스민의 이야기를 다 들어주던 이 할
머니 정말 웃긴다. 남편이 마중 나온 걸 보고 도망치듯 재
스민 곁을 떠나더니 남편에게 곧바로 정색하면서 말한다.
"비행기에서 내 옆자리에 앉은 여잔데 She couldn't stop
babbling about her life." 하하하. "쉬지도 않고 자기 개인적
인 이야기들을 떠들어 대는 거예요. 횡설수설." 여기에도
could가 나왔네. 그리고 babble about ~은 '~에 대해서 횡
설수설, 쉴 새 없이 떠들어대다'의 의미이다.

I couldn't stand her ex-husband.

"나는 그녀의 전남편을 참고 견딜 수가 없었어요."의 의
미이다. 조동사 could가 쓰였다. 의미상 can의 과거형이
다. can't stand ~는 '~을 참고 받아들일 수 없다'는 의미이
다. 왜? '~이 정말 싫기 때문'이다. 구어체 표현이다. 이것
을 문어체에서는 hate로 표현한다. 순수 과거형인 couldn't
stand ~는? 그렇다, '~을 참고 받아들일 수 없었다', '~이 정
말 싫었다' 등으로 해석한다. could가 '가능성'의 의미를 전
하고 있다. ex-husband는 '전남편'이다. 그런데 동생의 전

223

2013,
Comedy-drama/Drama,
1H 38M

남편이 왜 그렇게 싫었을까? He used to hit her. 이런. 아내를 늘 때렸단다. 싫을 만도 하다. 정말. used to는 '과거의 규칙적인 습관'을 말하는데 '자주 일어났던', 또는 '항상 일어났던' 습관을 말한다. 따라서 '자주'나 '항상'으로 그때그때 상황에 맞게 적절히 해석해야 한다.

④

I will be staying with my sister.

"저는 제 동생과 함께 머물 거에요."의 의미이다. 조동사 will을 포함한 미래 진행이 쓰였다. 단정적이고 확실한 미래를 말한다. 동생과 함께 지내는 것은 이미 정해진 일이기 때문에 확실한 미래일 수 밖에 없다.

Blue Jasmin

천부적인 허세, 서서히 젖어 드는 허세, 어떤 종류의 허세든 물들면 쉽게 사라지지 않는다. 허세의 중심에는 돈이 있다. 돈의 쓰임이가 헤프기 마련이다. 그 쓰임이에 취해서 돈이 고갈된 상태에서도 어떻게든 헤픈 시도는 지속된다. 입으로는 돈이 없다 하지만 이미 손가락 사이로 돈이 빠져나간다. 빚을 내서라도 손가락 사이에 돈이 채워진다.

화려함의 중심에 있던 재스민은 알거지가 된 상태에서도 어쩜 그리 당당하게 서글픈지. 그 모습을 보는 동생 진저는 이해하기 쉽지 않다. 돈 많던 언니. 거지가 된 언니. 하지만 여전히 당당하고 좋아 보이기만 한다. 허세의 수준을 동생은 전혀 가늠하지 못하고 있다.

Jasmine: I need to stay here for a while. I'm out of cash.

Ginger: Okay.

Jasmine: **Couldn't** pay my rent in Brooklyn.

I'm dead broke.

225

2013,
Comedy-drama/Drama,
1H 38M

재스민: 여기에서 잠시 머물러야겠어.

내가 돈이 한 푼도 없거든.

진저: 알았어.

재스민: 브루클린에서 월세도 제대로 낼 수가 없었어.

지금 완전 땡전 한 푼 없는 상태야.

④

언니는 땡전 한 푼 없다고 말하지만, 너무도 당당하다. 언니의 말이 믿어지지 않는다. 나중에 말을 들어보니 알거지가 되었다면서 언니는 비행기 일등석을 타고 왔단다. 그게 무슨 알거지.

Couldn't pay my rent in Brooklyn.

"브루클린에서 돈이 없어서 집세도 제대로 낼 수가 없었다."는 의미이다. 과거 시제 조동사 could가 적절하게 활용되고 있다. '능력'과 '가능성'을 동시에 포함한다. could를 사용하면서 단순히 '~할 수 없었다'고만 생각하는 것은 옳지 않다. 우리 입장에서는 우리말로 해석하기 이전에 could가 가지고 있는 원초적인 느낌을 놓치지 않고 있어야 could를 정확히, 그리고 제대로 활용할 수 있게 된다. rent는 '집세'이며 pay my rent는 '집세를 지불하다'이다. 브루클린. 집세비싸다. 아주 비싸다. 미국에서 집값이 가장 비싼 뉴욕의 다섯 행정구 중의 하나가 바로 브루클린이다.

I need to stay for a while.

"내가 잠시 좀 머물러야겠어."의 의미이다. 선택의 여지가 없다. 꼭 그렇게 해야 한다. 꼭 그럴 필요가 있다. 동사 need가 갖는 의미이다. 마치 조동사 같은 강력한 통제와 책임을 수반하는 느낌의 동사가 바로 need이다. 동생 집을 찾은 재스민은 "나한테 딴소리하지 마. 난 잠시 여기에서 머물러야 하니까 나 쫓아낼 생각은 하지도 마." 정도의 느낌으로 need를 사용하고 있다. for a while은 '잠시', '한동안' 등으로 해석한다.

I'm out of cash. I'm dead broke.

"난 돈이 한 푼도 없어. 땡전 한 푼 없다고."의 의미이다. out of cash는 원래 있던 cash가 다 떨어졌다(out of)는 의미이다. 그래서 돈이 한 푼도 없다고 말할 때 대표적으로 사용하는 표현이 I'm out of cash.이다. 이 말을 강조하는 표현은 I'm dead broke.이다. dead는 형용사를 강조하는 부사로 쓰여서 '몹시', '완전히' 등의 의미를 전하며 속어에 해당한다. 속어는 가까운 사이에서 주로 쓰인다. broke 역시 속어에 해당한다. '돈이 없다'는 속뜻이다. 따라서 가까운 사이에서 dead broke라고 말하면 '땡전 한 푼 없는 상태'로 받아들인다.

2013,
Comedy-drama/Drama,
1H 38M

영화 ‹Blue Jasmine›은 주인공 재스민의 현재와 과거를 오가며 장면이 펼쳐진다. 부분부분 혼동될 수도 있다. 정신 똑바로 차리고 봐야 할 영화이다. 정말 잘 만들었다. 전체적인 배경, 분위기, 촬영, 배우들의 연기력 모두 다 최고다.

재스민(Jasmine)이 잘나가던 시절 동생 진저(Ginger)는 남편과 함께 재스민의 뉴욕 집을 방문하게 된다. 동생 남편 오기(Augie)와의 첫 만남은 반갑게 이루어진다. 오기는 아내의 언니를 만났다는 사실이 믿기지 않는다.

Jasmine: I'm so sorry we **couldn't** make it to the
wedding. Just that Hal had some business
in Saint-Tropez. I'm sorry we **couldn't** get back in time.

재스민: 죄송해요. 우리가 결혼식에 갈 수가 없었어요.
그게, 제 남편 할이 생트로페에서
볼 일이 있었어요. 안타깝게도 우리가 제시간에

228

Blue Jasmin

돌아올 수가 없었답니다.

천부적이다. 케이트 블란쳇의 연기력이 그렇다. 자유분방하면서도 속사포 같은 대사 처리. 변화무쌍한 연기력을 필요로 하는 우디 앨런의 작품에 캐스팅되어 최적의 연기력으로 그 보상을 톡톡히 챙긴 배우이다. 단 한 편의 영화만으로도 연기에 대한 그녀의 포용력과 스펙트럼, 열정, 그리고 폭발력을 감지할 수 있다. ‹Blue Jasmine›은 바로 그녀이다.

I'm so sorry we couldn't make it to the wedding.

"정말 죄송해요. 결혼식에 갈 수가 없었어요."의 의미이다. could를 통해서 '과거의 가능성'을 말하고 있다. make it to 는 '약속된 장소인 ~에 도착하다'의 의미이다. make it는 '뭔가를 이루다', '뭔가를 해내다' 등의 뜻을 전하는데 특정 장소에 도착하는 것도 '뭔가를 해낸다'는 범주 안에 드는 것이기 때문에 make it를 '도착하다'의 의미로 사용할 수 있는 것이다. 결국 make it to the wedding은 '가기로 약속했던 결혼식에 가다'가 된다. 분명히 결혼식에 참석하고 싶었다. 그래서 약속했다. 하지만 사정이 생겼다. 그래서 가지 못했다. I'm sorry we couldn't make it to the wedding. 이 담고 있는 전체적인 의미이다.

229

I'm sorry we couldn't get back in time.

조동사 could가 역시 '과거의 가능성'을 말하고 있다. get back in time은 '제시간에 돌아오다'이다. in time을 '약속된 시간 안에'로 이해하고 get back은 '돌아오다'이다. I'm sorry는 '~이 미안하다'의 의미로 흔히 해석하지만 '~하게 되어서 안타깝다'의 느낌으로도 이해할 수 있다. 형용사 sorry는 '미안한', '안타까운', '애석한', '유감스러운' 등 다양한 우리말로 이해 가능하다.

I couldn't get a taxi cab.

Annie Hall

애니(Annie)는 벌레라면 기겁을 한다. 바퀴벌레, 거미, 뭐가 되었든 옆에 뭔가가 기어 다니면 어쩔 줄 몰라 한다. 새벽 3시. 화장실에 거미(spider)가 한 마리 기어간다. 난리 났다. 애니는 앨비(Alvy)에게 전화한다. 당장 와달라고 말한다(come right over). 심상치 않은 목소리(sound terrible)에 놀란 앨비는 득달같이 애니에게 달려간다.

거미 한 마리에 소환된 앨비. 기가 막히다. 때려잡을 테니 잡지나 가져오란다. 그 사이 책상 위에 놓인 록 콘서트 팸플릿이 눈에 띈다. 열 받는 앨비. 어떤 놈하고 콘서트를 갔냐. 왜 그놈을 불러 거미 잡아달라고 하지 이 새벽에 나를 불렀냐. 그런데 가져온 잡지를 보니 생전 관심도 없던 내용의 잡지 National Review다. 네가 언제부터 이런 잡지를 봤냐. 도대체 어떤 놈하고 어울려 다니는 거냐. 열 받은 김에 지금 여기까지 달려온 상황을 간략하게 설명하는 앨비.

Alvy: It's three o'clock in the morning.

Annie Hall

You got me out of bed. I ran over here. I **couldn't** get
a taxi cab. You said it was an emergency.

앨비: 지금 새벽 세 시야. 침대에 누워 있는 나를 불러낸
거야 지금. 여기까지 달려왔어. 택시를 잡을 수도
없었다고. 당신이 비상사태라고 해서 온 거잖아, 지금.

흥분한 앨비를 두고 애니는 초콜릿 우유를 한잔하겠냐다.
더 열받는 앨비. 내가 당신 아들이야? 초콜릿 우유 운운하
게? 맛있는 초콜릿이란다. 잔소리 말고 거미 어디에 있어?
화장실로 잡으러 가는 앨비의 뒤통수에 대고 애니는 괜히
내리쳐서 거미 터뜨리지 말란다. 그냥 살포시 잡아서 화장
실 물로 내려보내란다. 그것도 두어 번. 이봐, 내가 거미 잡
이만 10년도 넘었어. 세상에, 거미 잡는 데도 거들먹대는
구나, 얘들은. 화장실에 들어가자마자 나온 앨비는 거미가
무지하게 크단다. 게다가 두 마리란다. 앨비, 지도 무서워
서 저런다, 헐.

I couldn't get a taxi cab.

"택시를 잡을 수가 없었어."의 의미이다. 당연하다. 미국에서
택시 잡는 건 정말 힘든 일이다. 게다가 새벽 3시라면 더더욱.

⑫

233

1977,
Drama/Romance,
IH 33M

could는 그저 can의 과거형으로 쓰인 것이다. '가능성'의 의미이다. '택시'는 taxi, cab, taxi cab 모두 다 사용 가능하다.

You got me out of bed.

"너 때문에 침대에서 나왔잖아."의 의미이다. 침대에 누워서 잠을 자다가, 또는 잠을 청하다가 멈추고 침대 밖으로 나왔다는 뜻이다. 보기에는 쉽지만 막상 말할라치면 매우 어려운 표현이다.

I ran over here.

"여기까지 뛰어왔다."는 의미이다. run의 3단 변화는 run-ran-run이다. over here는 '이쪽으로', '여기까지' 등의 의미이다. 따라서 run over here는 '여기까지 뛰어오다'이다.

You said it was an emergency.

"네가 비상이라고 했잖아."의 의미이다. 문장을 이끄는 동사 said의 시제가 과거이므로 뒤에 이어지는 문장 속의 be 동사 역시 과거형 was로 바뀌었다. 시제의 일치이다. emergency는 '비상', '비상사태' 등의 뜻이다.

234

Annie Hall

could: 제안/부탁

뭔가를 제안하거나 부탁할 때 could를 사용할 수 있다. '~
을 할 수 있겠는데, 어떨까?', '~을 해줄 수 있을까(요)?' 등
의 의미를 전한다.

물론 부탁할 때 can을 사용할 수도 있지만, could를 사
용하면 훨씬 정중하고 예의 바른 상태가 된다. would와 마
찬가지로 가정법의 느낌을 살려서 직설적이지 않은 느낌
을 전하기 때문에 그렇다.

제안할 때 could를 쓰면 부드럽다. 그리고 상대방에게
부담을 주지 않는다.

영화를 보면서 동질감을 느낀다. 영화를 보면서 느껴지는 이질감에 자신을 살짝 담가본다. 영화가 주는 환상 속에 잠시 젖어본다. 영화를 보는 이유는 다양하다. 즐겨 찾는 장르가 있고, 발길을 잡아당기는 나만의 감독, 배우가 있다.

오랜 세월 동안 마니아층을 확실하게 구축해온 우디 앨런. 그의 영화가 끌리는 이유는 동질감, 바로 그것일 것이다. 우리 삶의 모습을 지나치게 자연스럽게 열어젖힌다. 아, 내가 저렇지. 아, 과거에 내가 저랬었지. 얼굴이 붉어진다. 영화를 보는 내내 침을 꿀꺽꿀꺽 삼킨다. 저게 다 내 이야기 같다. 동질감. 우디 앨런은 경쾌하지 않은 톤으로 관객을 울고 웃기는 재주가 있다. 뛰어나다.

느닷없이 새벽 3시에 전화를 걸어 빨리 와달라는 애니. 허겁지겁 갔더니 거미 한 마리를 잡아달란다. 워낙 큰 거미라서 본인도 소름 끼쳐 하며 두 마리의 거미를 소탕하고 나와보니 애니는 침대 위에서 훌쩍거리고 있다. 다시 만나잔다. 다시 데이트하잔다. 이 동네 친구들은 정말 못 말린다.

Annie Hall

Annie: Alvy, let's never break up again.
I don't wanna be apart. I think that if you let me,
maybe I **could** help you have more fun.

애니: 앨비, 우리 다시는 헤어지지 말아요.
떨어져 있기 싫어요. 당신이 허락만 하면 당신이 더
재미있게 살 수 있도록 도와줄게요.

헤어졌다 사귀기를 너무 쉽게 하는 것처럼 느껴진다. 물론
당사자들이야 그렇게 생각하지는 않겠지만. 어쨌든 애니
와 앨비는 당장은 다시 데이트를 시작하는 모양새이다. 얼
마나 지속할까...

I could help you have more fun.

"당신이 더 많은 재미를 가질 수 있게 도와줄 수 있겠는
데."의 의미이다. 조동사 could를 사용하여 '제안'하고 있
다. 직설적이지 않은, 상대를 배려한 제안이다. '~을 할 수
있겠는데... '의 느낌을 살려서 이해해야 한다. help의 목적
보어로 동사원형 have를 사용한 이유는 '당장 도와준다'는
느낌을 전하기 위해서이다. to 부정사를 쓰면 '미래', 원형
을 쓰면 '당장'이다. have fun은 '즐기다', have more fun은

237

1977,
Drama/Romance,
1H 33M

'더욱 즐기다'이다.

I don't wanna be apart.

"난 떨어져 있고 싶지 않아."의 의미이다. 부사 apart는 '떨어져', '헤어져' 등의 뜻을 갖는다. 그래서 be apart는 '떨어져 있다', '헤어져 있다' 등으로 해석한다.

Could I speak to you privately?

Hannah and Her Sisters

추수감사절 파티가 한창이다. 하나(Hannah)의 동생 홀리 (Holly)는 음식을 잘 만든다. 홀리와 그녀의 친구 에이프 릴(April)이 만들어 가져온 음식이 인기다. 형부인 엘리엇 (Elliot)은 홀리에게 식당을 해보는 게 어떠냐고 제안할 정 도이다. 안 그래도 홀리는 에이프릴과 함께 케이터링 사업 을 하고자 한다. 그 말을 들은 형부는…

Elliot: Great idea. That's where your talent lies.

Holly: I know. Get out of here.

[to Hannah] **Could** I speak to you privately?

엘리엇: 정말 훌륭한 생각이야.

처제 재능은 바로 거기에 있어.

홀리: 알아요. 에이, 뭐에요, 형부, 놀리는 거죠.

[하나에게] 언니, 우리 둘이 좀 얘기할까?

240

홀리는 원래 배우다. 지금은 배역을 기다리고 있다. 그 사이에 자신의 재능을 살려서 음식을 만들어 돈을 벌고자한다. 그런 그녀에게 형부는 처제 재능은 연기가 아니라바로 음식에 있다고 약간 농담조로 얘기하고 있다. 그래서Get out of here.라고 말한 것이다.

Could I speak to you privately?

"우리 둘이 조용히 좀 얘기할까?"의 의미이다. 조동사could를 이용하여 예의를 차려 부탁하고 있다. 동생이 언니에게 중요한 부탁의 말이 있어서 말 자체를 정중하게 하는 것이다. 동사 speak를 쓰면 뭔가 진지하고 중요한 이야기를 한다는 느낌이 든다. 그저 편한 이야기라면 speak 대신 talk를 사용한다. privately는 '조용히 단둘이서만'의 의미이다.

⑨

That's where your talent lies.

"거기에 너의 재능이 있다."는 의미이다. 직역하면 "그것이너의 재능이 놓여 있는 곳이다."이다. 동사 lie를 매우 적절하게 활용하고 있는 표현이다. 같은 표현법으로 "저는 거기에 관심이 있습니다."는 That's where my interest lies.라고

1986,
Drama/Comedy-drama,
1H 47M

할 수 있다.

Get out of here.

"엉뚱한 소리 하지 마."의 의미이다. 상대가 실없는 농담을 할 때 응대하는 표현이다. "말도 안 되는 소리." 정도의 느낌이다. 이것을 줄여서 Get out.이라고도 말한다. 영화에서는 형부가 음식에 재능이 있다고 말하니까 일단은 자기도 안다고 말해 놓고 나서 형부 말의 저의가 '연기보다는 음식'인 것을 순간 눈치채고 "형부 또 엉뚱한 소리."라는 느낌으로 Get out of here.라고 이어서 말한 것이다.

마음에 드는 걸 어쩔 수 없지. 엘리엇은 막내 처제 리(Lee)가 좋다. 그녀의 주변을 얼쩡거린다. 우연을 가장하여 그녀 앞에 나타나 얼버무린다. 맘에도 없던 서점에 들어가 처제와 잠깐이나마 시간을 보낸다. 그래도 좋다. 나이에 맞지 않게 떨린다. 사랑이 그런 거다. 처제와 커피 한잔하고 싶다.

> Elliot: If you have time, we **could** get some coffee.
> Lee: No, I don't have time.

> 엘리엇: 처제 시간 있으면, 우리 커피 한잔할 수 있을까.
> 리: 아니요, 형부, 저 시간이 없어요.

⑨

거절. 하지만 싫어서 하는 거절이 아니다. 시간이 없단다. 괜찮다. 하지만 떨린다. 긴장된다.

> If you have time, we could get some coffee.

243

1986,
Drama/Comedy-drama,
1H 47M

"시간 있으면 우리 커피 한잔할 수 있을까."의 의미이다. 조동사 could를 사용하여 '제안'하고 있다. 매우 조심스럽게 하는 제안이다. 상대의 눈치를 보면서. have time은 '시간이 있다'는 의미이고 get coffee는 '커피를 마시다'이다. could를 이용하여 의문문이 아닌 평서문으로 제안한다는 사실이 우리에게는 익숙하지 않기 때문에 이런 표현들은 정확히 이해하고 기억해두는 것이 좋다.

⑨

Hannah and Her Sister

could have + 과거 분사

1. 과거에 하지 못한 일에 대한 아쉬움, 후회, 또는 의아함을 표현할 때 사용한다. I could have told him yesterday. 라고 하면 "내가 어제 걔한테 말해줬어야 했는데 못 했네." 의 의미를 전한다.

2. 완전한 가정법 과거완료를 말할 때 사용한다. 가정법 과거완료는 '과거 사실의 반대'이므로 '~했으면 … 할 수 있었을 텐데'의 기본 의미를 갖는다. I could have told him if I had seen him.이 그렇다. "내가 그를 봤더라면 말해줄 수 있었을 텐데 말이야."의 의미이다.

에이브 루카스(Abe Lucas) 교수에 대한 이야기는 부임 전부터 교수들 사이에서, 학생들 사이에서 무성하다. 그만큼 유명세를 치르는 교수다. 한 소문에 의하면, 그는 아내가 자기와 가장 친했던 친구와 바람이 나서(ran off with his best friend) 떠난 이후에 극심한 우울증(a serious depression)에 시달려 왔다고 한다. 어떤 소문에 의하면 그의 가장 친한 친구가 이라크에 TV 방송 취재차 갔다가 참수를 당한(got beheaded) 이후에 신경쇠약 증세(breakdown)에 걸렸다는 말도 있다. 그리고 그가 가는 대학에서마다 여학생들과 부적절한 관계를 맺는다(has affairs with)는 소문도 학생들 사이에서 마치 사실인 것처럼 번지고 있었다.

에이브가 여성들에게 인기 있는 것만큼은 단순한 소문이 아닌 사실임이 분명하다. 동료 교수 리타 리처즈(Rita Richards)는 에이브를 보자마자 반한다. 남편이 출장 간 사이 그녀는 위스키 한 병을 사 들고, 비 오는 날에 에이브의 사택을 방문한다.

246

Abe: You **could have waited** to give it to me.

You didn't have to come in the rain.

Rita: I couldn't wait. I was excited over it.

에이브: 나중에 기다렸다가 전해줘도 괜찮았을 텐데요.

빗속에 오실 필요까지야.

리타: 빨리 전해드리고 싶었어요. 워낙 좋은 거라서.

작정하고 덤빈다. 대놓고 덤빈다. 비 오는 날, 여자가 남자 혼자 사는 곳을 그것도 술을 한 병 들고 방문한다. 더 이상 무슨 말이 필요할까. 쩝.

You could have waited to give it to me.

"기다렸다가 나중에 주셨어도 되었을 텐데 말이죠."의 의미이다. ‹could have+과거 분사›의 형태가 쓰였다. 과거에 일어나지 않았던 일에 대한 아쉬움의 표현이다. ‘~할 수 있었을 텐데’의 의미이다. 물론 본문에서는 ‘아쉬움’보다는 ‘의아함’의 느낌으로 쓰이고 있다. wait to ~는 ‘~하기를 기다리다’의 의미이다.

You didn't have to come in the rain.

247

2015,
Drama/Mystery,
1H 36M

"비 오는데 올 필요까지 없었다."는 의미이다. have to는 '뭔가 하기로 계획했거나 약속한 일이 있어서 그것을 해야 한다'는 의미이며 don't have to는 '그럴만한 일이 없다'는 뜻이다. 그래서 '~을 할 필요가 없다'로 흔히 해석한다. come in the rain은 '비가 내리는 중에 오다'의 의미이다. 그래서 didn't have to come in the rain은 '비가 오는데 굳이 올 필요까지 없었다'로 해석한다.

I couldn't wait.

"빨리하고 싶었다."는 의미이다. 직역하면 "나는 기다릴 수가 없었다."이다. 그 이유는 빨리하고 싶어서이다. 조동사 could는 can의 과거형으로 쓰였다. '가능성'의 의미이다. "나는 너를 빨리 만나고 싶었어."는 I couldn't wait to see you.라고 표현한다. ·

I was excited over it.

"그것 때문에 흥분이 되었다."의 의미이다. 본문에서는 위스키가 워낙 좋은 거라서 당신에게 이 위스키를 선물할 생각에 흥분되어 어쩔 줄 몰랐다는 의미를 전한다. be excited over는 '~로 인해서 흥분한 상태이다'로 이해한다.

248

You could have called me.

249

이것저것 따질 것 없이 순간의 감정에 눈이 멀어 잠자리를 하게 된 커플이 또 있다. 후안(Juan)과 비키(Vicky)의 이야기이다. 잠자리한 이후에 더욱 빠져드는 감정을 주체할 수 없다. 후안은 다른 남자와 곧 결혼하게 될 비키에 대한 미안함을 감출 수 없다. 그런 상태에서 비키와의 관계를 지속시킬 수 없을 것 같다는 생각에 혼란스럽기만 하다. 비키는 후안에게 마음을 송두리째 빼앗긴다. 약혼남과의 결혼 약속이 안중에도 없다. 약혼자가 점점 멀게 느껴진다. 그렇게 서로 혼란스러움에 빠져 있는 동안 둘의 만남은 소강상태로 접어든다. 그리고 오늘 우연히 마주치는 두 사람.

Juan: We never had a chance to say a proper good-bye.
Vicky: Well, you **could have called** me.
Juan: I debated it. But I didn't think there was much point.

후안: 우리 서로 제대로 작별인사를 할 여유도 없었네요.

250

Vicky Cristina Barcelona

비키: 전화라도 걸어줄 수 있었을 텐데요.
후안: 정말 곰곰이 생각해봤어요. 그런데 전화를 거는 게 큰 의미가 없다고 생각했어요.

그래? 별 의미가 없어? 정말? 그건 아니지 이 사람아. 관계를 맺은 후에 아무런 연락도 없이 외면하는 건 그건 도리가 아니지. 혼자 생각해서 혼자 결정할 문제는 절대 아니지. 어허, 이 사람 참.

You could have called me.

"당신이 나한테 전화를 할 수도 있었잖아."의 의미이다. ‹could have + 과거 분사›의 형태를 이용해서 '~일 수도 있었을 텐데'의 의미를 전한다. 과거에 이루어지지 못한 일에 대한 아쉬움의 표현이다.

We never had a chance to say a proper good-bye.

"우리는 제대로 작별인사를 할 만한 기회가 없었다."는 의미이다. have a chance to ~는 '~할 기회나 시간이 없다'는 뜻이다. say good-bye는 '작별인사를 하다'이며 say a proper good-bye는 '제대로 된 작별인사를 하다'이다.

251

2008,
Drama/Comedy-drama,
1H 37M

I debated it.

②

"내가 그 문제를 곰곰이 생각해봤다."는 의미이다. 동사
debate는 '토의하다' 이외에 '~을 곰곰이 생각하다'의 의미
로도 쓰인다. 생소한 의미일수록 적극적으로 기억하도록
애써야 한다.

I didn't think there was much point.

"큰 의미가 없다고 생각했다."는 의미이다. 우리에겐 전
혀 익숙하지 않은 표현이다. point에는 '중요한 의미'의 뜻
이 포함되어 있다. 또한 much는 '대단한'의 의미를 포함해
서 much point는 '아주 중요한 의미'로 이해한다. 따라서
There was much point.라고 하면 "대단히 중요한 의미가
있었다."로 이해한다.

Vicky Cristina Barcelon

should: 권유와 충고, 그리고 제안

should는 적극적인 권유의 대표격이다. 권유하는 데는 다 나름대로 이유가 있다. 그것이 옳기 때문이다. 그리고 그것이 합리적이고 이성적이기 때문이다. 권유할 때는 건조하게 권유만 하고 끝나지 않는다. 상대가 내 권유를 받아서 그대로 행해주기를 기대한다. 그 기대심리가 should에 포함되어 있다. 그리고 그 기대감을 넘어서서 상대가 그렇게 해주기를 간절히 원하고 바란다는 느낌도 포함한다. 그러다 보니 충고, 또는 제안의 느낌까지도 포함하게 되는 것이 바로 should이다.

should를 우리말로 해석할 때는 '~을 해야만 하다'는 어울리지 않는다. '~하는 게 좋지 싶은데', '~하도록 해라', '지금 상황에서는 ~하는 게 가장 합리적이다' 등으로 해석하게 된다. '~을 해야만 하다'로 해석해서 must와 혼동하지 않도록 해야 한다.

앨비(Alvy)에게는 묘한 매력이 있다. 그의 철학에, 그의 달변에, 그의 순수한 듯한 외모에 여성들은 매료되는가 보다. 많은 여성들이 앨비의 삶 속에 흔적을 남기고 지나간다. 그리고 그 핵심에는 여자 주인공 애니(Annie)가 있다. 그녀가 먼저 앨비에게 반했다. 그리고 앨비에게 접근했다. 그리고 두 사람은 사랑하기 시작했다. 서점에서 앨비가 애니에게 두 권의 책을 추천한다. 1973년에 발표되어 퓰리처상을 수상한 어니스트 베커(Earnest Becker)의 The Denial of Death(죽음의 부정)과 역시 1973년 작품인 자크 코롱(Jacques Choron)의 Death and Western Thought(죽음과 서양의 사고)이다.

Alvy: I'm gonna buy you these books because I think you **should** read them. Instead of that cat book.

앨비: 당신한테 이 책들을 사주려고요. 당신이 읽으면

254

Annie Hall

정말 좋을 것 같아서요. 그런 고양이 책 말고.

앨비의 삶의 화두는 죽음이다. 그래서 여성들과 만남을, 그들과의 성생활을 아무렇지도 않게 이어가는지 모른다. 죽음 앞에서는 아무것도 두려울 것이 없으므로. 어차피 죽을 테니. 앨비는 인간의 삶을 끔찍한 불행과 단순한 불행, 두 가지로 나눈다. 그래서 스스로를 삶에 대한 부정적인 견해를 가진 사람으로 간주하고 있다.

I think you should read them.

"당신이 이 책들을 꼭 읽었으면 해."의 의미이다. 조동사 should는 '강력한 권유'와 '충고'이다. 그것이 타당하기에 권유하는 것이고 충고하는 것이다. 그래서 당신이 꼭 그렇게 해주기를 기대한다. 기대와 함께 간절히 원하는 마음이 발동한다. 이 모든 느낌이 should에 포함되어 있다.

I'm gonna buy you these books.

"이 책들을 당신에게 사주려고."의 의미이다. be gonna는 '진작부터 그렇게 하려고 생각했기 때문에 실제로 뭔가를 그렇게 하려고 하다'이다. 단어와 문법 하나하나의 속뜻을

1977,
Drama/Romance,
1H 33M

정확히 이해하는 게 중요하다. buy는 4형식 동사(주어+동사+간접목적어+직접목적어)라고 흔히 말한다. '~에게 ...을 사주다'는 의미이다. 따라서 buy you these books는 '너에게 이 책들을 사주다'이다.

테니스를 치면서 알게 된 앨비와 애니의 첫 만남. 애니는 부득불 자신의 차에 앨비를 태우고 자신의 집으로 향한다. 집 앞에서 헤어지려는 앨비를 와인 한잔하자며 집안으로 끌어들이는 애니. 애니 역을 맡은 다이안 키튼(Diane Keaton; 당시 31세)의 연기력이 대단하다. 수줍음과 당돌함, 그리고 저돌적인 성격을 묘하게 표현한다. 매력적이다.

엉겁결에 와인을 마시고 서둘러 집을 나서려는 앨비, 그를 막아서는 애니…

Alvy: I think I **should** get outta here cos I think
I'm imposing.
Annie: Really? Well, maybe.
I mean you don't have to, you know.

앨비: 저 인제 그만 가봐야겠어요.
괜히 폐를 끼치는 것 같아서요.

⑫

257

1977,
Drama/Romance,
1H 33M

애니: 정말요? 어, 어쩌면. 제 말은 그러실
필요 없다고요, 그게.

앨비는 이래저래 부담스럽다. 처음 만난 여성의 차를 타고 게다가 자기 집도 아닌 그녀의 집 앞까지 간 것도 그렇고 그녀의 집에 들어가서 와인을 마신 것도 그렇고… 하여간 빨리 그 자리에서 벗어나고 싶다. 하지만 애니는 그와 함께 있고 싶다. 그에게 첫눈에 반했다.

I think I should get outta here.

"전 인제 그만 가봐야겠어요."의 의미이다. 조동사 should 가 합리적인 자기 생각을 표현하는 데 쓰이고 있다. 특히 주어가 I일 때는 '그것이 합리적이기 때문에 나는 그렇게 하고 싶다'는 자신의 희망 사항을 적극적으로 전한다. 자신에게 하는 충고이기도 하다. get outta here는 get out of here를 발음 나는 대로 적은 것이며 '여기에서 나가다' 즉, '그만 가보다'는 뜻이다. I think는 특별히 해석하지 않아도 자기 생각을 전한다는 느낌만 표현되면 좋다.

Cos I think I'm imposing.

Annie Hal

"제가 폐를 끼친다는 생각이 들어서 말이죠."의 의미이다. Cos는 Because를 줄여서 발음하는 상태 그대로를 적은 것이다. impose는 '부담을 주다', '폐를 끼치다' 등의 뜻을 갖는다. 따라서 I'm imposing.은 "내가 지금 폐를 끼치고 있다."고 이해한다.

I mean you don't have to.

"그럴 필요는 없다고 말씀드린 거예요."의 의미이다. 앞서 한 말을 다시 부연 설명할 때는 I mean ~ 구문을 이용한다. '내 말의 의미는 ~' 정도로 이해한다. don't have to ~는 '~할 필요는 없다'로 이해한다. you don't have to get outta here.에서 get outta here가 생략된 문장이다.

⑫

1977,
Drama/Romance,
1H 33M

I think you should come to a party.

질(Jill)은 에이브 루카스(Abe Lucas) 교수와의 첫 대화 이후에 그가 정신적으로 문제가 있음을 느낀다. 하지만 그의 총명함과 지적인 면에 매력을 느껴 그에게 이성적 관심을 갖기 시작한다. 질과 에이브의 두 번째 만남. 물론 대학 교정에서의 만남이지만 이들의 대화는 교수와 제자로서가 아닌 남녀로서의 대화에 가까워진다. 늘 혼자서 연구실에만 머무는 에이브를 질은 파티에 참석시키려 하는데...

Jill: What are you doing on Friday night?
I think you **should** come to a party. Roy and I will take you. You **should** think about it.

질: 금요일 밤에 뭐 하세요? 파티에 오시면 좋겠어요.
로이와 제가 모시고 갈게요. 생각해보세요.

학생과 교수. 수직관계다. 우리는 그렇다. 그런데 미국은?

2015,
Drama/Mystery,
1H 36M

전혀 그렇지 않다. 그저 지식의 전달자와 수용자의 입장일 뿐, 둘의 관계는 수직이 아닌 수평 관계이다. 그것은 그들이 대화하는 태도나 말의 억양, 모두에서 느껴진다. 학생은 존중과 존경의 마음이 바탕이 되어, 교수는 존중의 마음이 바탕이 되어 서로를 대한다. 그러니 수평 관계라도 전혀 불편함이 없다. 서로를 존중하는 교육. 바람직하다.

I think you should come to a party.

"파티에 오시면 좋겠어요."의 의미이다. 조동사 should에는 '기대'와 '바람'의 느낌이 포함된다. 그 상태에서 어떤 일을 권유하고 제안하는 것이다. 권유할 때 '나쁜 일'이나 '거짓'을 권하지는 않는다. 그것이 옳고 정당하며 합리적인 일이기 때문에 권하는 것이다. '~에 참석하다'를 대화체에서는 come to ~로 가볍게 표현한다.

You should think about it.

"그걸 생각해 보시면 좋겠어요."의 의미이다. 조동사 should를 '의무'로 착각해서는 안 된다. 전혀 의무는 없다. '꼭 그렇게 해보세요'라는 권유가 의미의 중심이다. think about ~은 '~에 대해서 생각하다'이다.

262

Irrational Man

What are you doing on Friday night?

"금요일 밤에는 뭐 하세요?"의 의미이다. 진행형으로 미래를 말한다. 이미 정해진 가까운 미래에 일어날 일을 말할 때 진행형을 이용한다. 몸은 여기에 있지만 마음이 미리 움직여 가까운 미래로 향한다는 속뜻을 포함하는 문법이다. 특정한 날, 특정한 시간 앞에는 전치사 on을 쓴다.

2015,
Drama/Mystery,
1H 36M

질(Jill)은 에이브(Abe)를 향한 마음을 통제할 수 없게 되
었다. 하지만 에이브의 곁에는 동료 교수이자 그를 끔찍하
게 좋아하는 리타 리처즈(Rita Richards)가 있다. 그 사실
이 질은 몹시 불편하다. 그래서 결국 질은 에이브에게 리
타를 만나지 말라 한다. 그 말이 에이브를 불편하게 한다.
너와 나는 연인 사이가 아니라 친구 사이(We're friends)
라고 잘라 말한다. 질은 섭섭하다. 내가 당신을 좋아하는
걸 알지 않느냐(I thought you could tell that I cared about
you). 누가 봐도 분명한 사실이잖느냐(pretty obvious to
everyone)며 애타게 말한다. 그런 질에게 에이브는 지금 너
의 애인도 그렇게 알고 있냐고 묻는다.

Jill: I'm not ready to make an exclusive
commitment to him.
Abe: I **shouldn't** monopolize your time.

264

Irrational Man

질: 저는 죽을 때까지 걔만 사랑하겠다는
독점적인 서약 같은 걸 할 준비는 되어 있지 않아요.
에이브: 내가 네 시간을 독점해서는 안 되겠어.

성격상 에이브는 누군가와 진지한 관계를 맺을 수가 없다. 한 여자에게 큰 의미를 두고 관계를 맺을 만큼 정상적인 정신 상태도 아니다. 그 사실을 누구보다도 자신이 더 잘 알고 있다. 저돌적인 질의 애정 공세가 에이브는 부담스러울 뿐이다. 게다가 애인까지 있는 사람이 덤벼드니 말이다. 이를 어쩐다.

I shouldn't monopolize your time.

"내가 네 시간을 독점해서는 안 되겠어."의 의미이다. 조동사 should는 옳고 정당한 일이기 때문에 그것을 해야 한다는 의미를 담고 있다. 그렇다면 I shouldn't ~는 '나는 ~을 하지 않는 것이 옳고 정당하다'는 의미이다. 여기에는 스스로 하는 제안과 충고의 의미가 포함된다. monopolize는 '~을 독점하다'이며, 따라서 I shouldn't monopolize your time.은 "나는 네 시간을 독점하지 않는 것이 옳고 정당하다."가 되어 "내가 네 시간을 독점해서는 안 되겠다."라는 의역이 나온 것이다.

265

2015,
Drama/Mystery,
1H 36M

I'm not ready to make an exclusive commitment to him.

"저는 죽을 때까지 그 사람만 사랑하겠다는 독점적 서약을 할 준비는 아직 되어 있지 않아요."의 의미이다. 이 문장에서 commitment는 '이 한 사람만을 영원히 사랑하겠다는 서약'을 말한다. 그런 '서약을 하다'가 make a commitment이며 여기에 '독점적인'을 뜻하는 형용사 exclusive가 추가되었다.

266

에이브(Abe). 정의롭게 판사를 죽였다. 적어도 본인은 그렇게 생각했다. 부당하게 다른 사람에게 고통을 주는 사람은 죽어 마땅하다는 비약적 논리에 심취해 완전범죄가 가능한 사람은 자기밖에 없다며 나름대로 치밀한 듯 보이는 방법으로 살인을 저질렀다. 그리고 판사가 죽었다는 소식이 신문에 실리자 환호한다. 에이브와 함께 그 자를 욕했던 질(Jill)은, 에이브가 판사를 죽인 줄 모르는 상태에서 신문 기사를 보고 에이브에게 급히 전화하는데…

Abe: Yeah, of course, I read it.
What? No, no. We have nothing to feel guilty about.
Hey, listen, what are you doin' later? Are you free?
'Cause I think we **should** have dinner.

에이브: 물론이지. 그 기사 읽었어. 뭐라고?
아니, 아니야. 우리가 죄책감 느낄 게 뭐가 있어.

2015,
Drama/Mystery,
1H 36M

저기, 있잖아, 나중에 뭐해? 시간 있니?
우리 저녁 식사를 같이 해야겠어서 말이지.

우디 앨런은 오래전부터 영화에서 롱테이크(Long Take)
를 즐겨 사용했다. 계속 움직이는 한 사람이나 그룹, 또는
한 상황을 카메라가 그대로 쫓아가며 편집점 없이 촬영하
는 기법이다. 보통은 1분 이상 이어진다. 편집이 없기 때문
에 중간에 NG가 나면 처음부터 무조건 다시 시작해야 하
는 불편함은 있다. 하지만 대단히 생동감 있고 사실적인
촬영기법이라서 감상하는 입장에서는 매우 통쾌하게 느
껴지기도 한다. 그런데 우디 앨런은 1분 이하의 시간에서
도 롱테이크 효과를 매우 잘 살린다. 위 장면 역시 짧은 20
초 동안 카메라가 흔들림 없이 에이브의 동선을 쫓아가며
촬영한다. 현장감이 그대로 느껴지는 롱테이크 효과이다.

I think we should have dinner.

"우리 저녁 식사를 같이 해야 하는 거 아닌가 싶어서."의
의미이다. 조동사 should는 지금 이 상황에서 강력히 원하
는 행위가 있음을 암시한다. 그래서 상대에게 권하거나 제
안을 하게 되고 나 스스로 그 행동을 하게 된다. 그 행위가
옳고 합리적이라는 생각이 들어서이다. 동사 have는 '먹다'

268

의 의미로 쓰이고 있다. 따라서 have dinner는 '저녁 식사를 하다'로 해석한다.

We have nothing to feel guilty about.

"우리가 죄책감을 느낄 게 뭐 있어."의 의미이다. 직역하면 "우리는 죄책감을 느낄 일이 전혀 없다."가 된다. feel guilty about something은 '뭔가에 대해서 죄책감을 느끼다'이며 본문에서는 something이 nothing으로 바뀌어 앞으로 이동한 형태이다. 따라서 뒤에 전치사 about는 변함없이 자기 자리를 지키고 있다. We have nothing to feel guilty.로 끝나면 틀린 문장이다. "난 그 일 때문에 죄책감이 들어."는 I feel guilty about that.로 표현한다.

What are you doin' later?

"너 나중에 뭐할 거야?"의 의미이다. 진행형으로 미래를 나타내는 경우이다. 이미 정해진 가까운 미래의 일을 말할 때 사용한다. doin'은 doing을 발음 나는 대로 적은 것이다. 원어민들은 현재 분사형인 -ing을 [잉]으로 발음하지 않고 [인]으로 끝내는 경우가 많다. 그 표기가 -in'인 것이다. doing[두잉]은 doin'[두인]으로, going[고잉]은 goin'[고인]

269

① 으로, coming[커밍]은 comin'[커민]으로 흔히 발음한다.

You should never drink.

Manhattan

약간 취한 상태인 아이작(Isaac)은 트레이시(Tracy)가 화장실에 간 사이에 에밀리(Emily)와 예일(Yale)에게 자신의 두 번째 전부인(second ex-wife)에 관한 이야기를 한다. 그녀가 그들이 부부였을 때의 결혼 생활(marriage)과 이혼(break-up)에 관한 이야기를 책으로 발표하려 한다는 것이다. 자신의 프라이버시를 전혀 고려하지 않고, 또 자신의 동의도 받지 않은 상태에서 출판을 강행하겠다는 전부인에 대한 섭섭함을 이야기한다. 그리고 친구들도 그의 입장을 충분히 공감한다.

Yale: You're drunk. You **should** never drink.
Isaac: My second ex-wife is writing a book about our
marriage and the break-up.

예일: 자네 취했어.
자네 절대 술 마시지 않는 게 몸에 이로워.

272

Manhattan

아이작: 내 두 번째 전처가 우리 결혼 생활과 이혼에
대해서 책을 쓰고 있어.

그렇다. 사생활을 들추는 것이 뭐가 좋으랴. 하지만 굳이
그것들을 들추어내어(give out) 책으로 발간하겠다는 사
람의 마음 또한 충분히 타당한 근거가 있어서 그럴 게다.
자기는 잘 알지 못하지만, 남들의 눈에는 쉽게 띄는 별나
거나 특이하고 나쁜 버릇들(quirks and mannerisms)이 있
을 수 있다. 부부 사이에서만 알 수 있는 치명적인 약점이
있을 수 있다. 그런 것들이 대중에게 노출된다면 참 고통
스러울 듯하다. 한동안은.

You should never drink.

"너 절대 술 마시지 않는 게 좋아."의 의미이다. 조동사
should는 그것이 옳고 이로워서 권한다는 의미를 내포
한다. 권유와 충고의 의미이다. 강조 부사 never 때문에
should가 마치 '강요'의 느낌으로 이해되어서는 안 된다.
'절대 마시지 마'가 아니라 '절대 마시지 않는 것이 너한테
이로워'의 느낌으로 이해해야 한다.

our marriage and the break-up

1979,
Drama/Comedy-drama,
1H 36M

'우리의 결혼 생활과 이혼'의 의미이다. marriage는 '결혼', 그리고 '결혼 생활'의 의미까지 포함한다. break-up은 '헤어짐', 그리고 '이혼'까지 뜻이 확장된다. We're breaking up. 는 "우리 헤어질 거야."의 의미이다.

Manhattar

아이작(Isaac)은 가장 친한 친구이자 대학교수인 예일 (Yale)의 정부(情婦) 메리(Mary)를 우연히 만나 그녀와 함 께 길을 걸으며 대화를 나눈다. 2분이 훨씬 넘는 롱테이 크. 전혀 외워서 하는 것 같지 않은 자연스러운 대사를 뿜 어내는 두 사람. 식당에 들러서 그들의 대화는 이어진다.

Isaac: So, you serious with Yale or what?
Mary: Well, he's married. Uh, I don't know.
I guess I **should** straighten my life out, huh?

아이작: 그래, 예일과의 관계가 진지한 거예요, 뭐예요?
메리: 어, 그분은 결혼하셨잖아요. 어, 모르겠어요.
제 삶을 좀 바로잡아야겠죠?

아이작은 메리가 마음에 든다. 그런데 그녀는 예일의 정부 이다. 이 일을 어떻게 처리하면 좋을까. 그래서 예일에 대

⑩

1979,
Drama/Comedy-drama,
1H 36M

한 메리의 마음을 확인하고 싶다. 물론 자신에게는 열일곱 밖에 되지 않은 애인 트레이시(Tracy)가 있지만, 정녕 애인이라기에는 너무 어려서 늘 마음에 걸리던 차였다. 그래서 그 사랑을 메리에게 옮겨 놓고 싶다.

I guess I should straighten my life out.

"제 삶을 좀 바로잡아야겠어요."의 의미이다. 조동사 should 를 이용함으로써 뒤에 나오는 말이 옳고 합리적임을 암시한다. 그리고 이 문장에서는 스스로에 대한 충고와 권유에 해당한다. straighten out는 '삐뚤어진 것을 바로잡다'의 의미이다. 결국 정상적인 연애를 하지 않고 유부남 꽁무니나 쫓아다니는 자신의 삶을 이젠 바로 잡고 제대로 된 사랑을 하고 싶다는 자신의 바램을 should straighten out을 통해서 말하고 있다.

So, you serious with Yale or what?

"그래, 예일과의 관계는 진지한 거예요, 뭐예요?"의 의미이다. 이성 관계에서 serious하다는 것은 단순히 즐기는 만남이 아니라 결혼의 가능성까지 두고 오랫동안 진지하게 만나는 것을 의미한다. or what? 은 '그런 게 아니면 뭐예요?'

276

의 뜻으로 쓰인다.

He's married.

"그는 유부남이다."는 의미이다. 과거 분사 married는 '이미 결혼한 상태인'의 의미이다. 과거 분사는 형용사이면서 '과거 시제'의 의미를 담고 있다. 형용사에 과거 시제를 부여하기 위해서 만들어진 것이 과거 분사이고 '현재 진행 시제'를 주기 위해서 만들어진 것이 현재 분사이다. 그렇다면 과거 분사를 해석할 때나 현재 분사를 해석할 때는 시제에 신경을 써서 이해하는 것이 중요하다.

⑩

1979,
Drama/Comedy-drama,
1H 36M

should는 '권유'라 했다. ⟨have+과거 분사⟩는 현재 완료이
다. 현재 완료는 과거에 이미 행해진 일(done)을 주어가 지
금까지 가지고 있다(have)는 의미이다. 그래서 should have
+ p.p.를 직역하면 '이미 과거에 행해진 일을 주어가 지금
까지 가지고 있어야 하는데'가 된다. 이것을 보통 '과거에
이미 ~해야 했는데'로 해석한다. 과거에 하지 못한 행위에
대한 아쉬움, 원망 등을 표현하는 것이다.

I should have agreed.

279

억눌렸던 화산이 폭발했다. 형부와의 사랑이 동거남인 프레드릭(Frederick)과의 관계에 겉으로는 뚜렷이 보이지 않던 틈으로 깊이 파고들었다. 리(Lee)는 프레드릭에게 대놓고 말한다. 이런 식으로는 살고 싶지 않다(I can't live like this). 네가 만나는 놈이 누구길래 지금 나한테 이런 식으로 대드느냐. 내가 만나는 게 누구든 달라질 건 하나도 없다(What's the difference?). 난 이제 이 집에서 나갈 거다(move out). 복잡하게 사는 거 싫다(want a less complicated life). 난 동거남이 아닌 남편이 필요하다. 그리고 아이를 낳고 싶다. 너무 늦기 전에. 도대체 당신은 나와의 관계에서 얻는 게 뭐냐(What do you get out of me?) 그렇게 고분고분하던 리가 사정없이 대든다. 프레드릭은 어쩔 줄 모른다.

Frederick: Don't patronize me! God,
I should have married you years ago, when you wanted to.
I should have agreed.

280

Hannah and Her Sister

프레드릭: 날 아랫사람 대하듯 하지 마! 젠장,
몇 년 전에 결혼을 해야 했는데. 당신이 그러자고 했을 때
말이야. 당신 뜻을 따르는 건데 그랬어.

이미 늦었다. 의미 없는 후회다. 리는 프레드릭과의 동거가
길어지면서 무의미한 삶이라는 생각이 깊어졌다. 그래서
결혼을 원했지만 프레드릭은 결혼을 원치 않았다. 워낙 나
이 차이가 많이 나서 내심 불안하긴 했지만 프레드릭은 결
혼이라는 제도에 묶이고 싶지 않았다. 그러다 이렇게 후회
하는 날이 느닷없이 찾아온 것이다. 리의 결심은 이미 굳
어진 상태이다.

I should have married you years ago,
when you wanted to.

"몇 년 전 당신과 결혼했어야 했는데. 당신이 결혼하자 했
을 때."의 의미이다. ‹should have+과거 분사›형을 이용하
여 과거의 그 순간을 후회하고 있다. 안타까워하고 원망
하고 있다. 그랬으면 좋았을걸. 그렇게 해야 했는데… you
wanted to는 you wanted to get married에서 get married가
생략된 것이다.

1986,
Drama/Comedy-drama,
IH 47M

I should have agreed.

"내가 동의했어야 했는데."의 의미이다. 당신의 뜻에 따랐어야 했다는 의미로 해석하는 것이 훨씬 자연스러운 문장이다. ‹should have+과거 분사›형이 매우 통쾌하게 활용되는 문장이다. 동사 agree는 '동의하다', '생각을 공유하다' 등으로 해석한다.

Don't patronize me!

"날 하대하듯 하지 마."의 의미이다. 동사 patronize는 '~을 깔보다', '~을 가르치려 들다', '~을 하대하다' 등의 의미를 갖는다. 사실 우리에게는 익숙한 단어가 아니다. 하지만 필요한 상황에서는 대단히 적절한 어휘이므로 정확히 기억해두어야 한다.

⑨

282

Obviously I shouldn't have come here.

Manhattan

메리(Mary)는 유부남인 예일(Yale)과의 관계를 지속할 수 없다(can't do this anymore). 주말에 만날 생각에 기대가 찼었지만 결국 혼자 보내게 되어 아이작에게 전화했다. 그와 산책하며(went for walk) 시간을 보냈다. 이건 분명 가망 없는, 절망적인 상황이다(no-win situation). 예쁘고 똑똑한 내가 왜 이렇게 초라하게 지내야 하는가? 그렇다고 이 남자의 가정을 파괴하고 싶지는 않다(not a home wrecker). 그저 내가 왜 이런 상황에 빠지게 되었는지 모르겠다(how I got into this). 서로 만난 타이밍이 좋지 않았다(met at the wrong time).

방문한 예일 앞에서 자신의 처지와 상황을 이야기하려 하지만 계속되는 전화, 그리고 키우는 개가 시끄럽게 짖어대는 통에 정신이 하나도 없다. 내 인생의 상황도 어수선하고 지금 이 순간의 상황도 어수선하다.

⑩

Manhattan

Mary: This is really a bad time. A bad time for me.
I gotta think things through here.
Yale: Obviously I **shouldn't have come** here.

메리: 지금 정말 타이밍이 안 좋아요. 내가 감당하기에는
정말 안 좋아요. 이쯤에서 난 앞으로 이 상황을
어떻게 하면 좋을지를 충분히 생각해봐야겠어요.
예일: 분명 내가 지금 여기에 잘못 온 거지?

부적절한 관계는 늘 이렇다. 이런 싸움이 끊이지 않는다.
당연하다. 그래서 부적절한 거다. 왜 이런 관계가 인간이
사는 곳에서는 늘 존재하는 걸까. 태생이 그런가보다, 태
생이. 그렇다면 어쩌겠는가… 그런 인간들 사이에서 그냥
그렇게 부대끼며 사는 수밖에…

Obviously I shouldn't have come here.

"분명 내가 여기 오지 말았어야 했어."의 의미이다. ‹should
have+과거 분사›를 이용해서 과거의 상황을 아쉬워하거나
후회하고 있다. 여기에 부정어 not이 포함되면서 ‘~하지 말
았어야 했는데’로 해석하게 된다. obviously는 ‘분명히’, ‘확
실히’ 등의 의미이다.

⑩

1979,
Drama/Comedy-drama,
1H 36M

This is really a bad time.

"지금은 정말 상황이 안 좋아요."의 의미이다. 편하게 대화를 하거나 뭔가를 차분히 할 수 있는 시간이 아니다, 또는 내가 처한 상황이 아주 좋지 않다는 말을 할 때 사용하는 표현이다. 상황에 따라서 적절한 의역이 필요하다.

I gotta think things through here.

"이쯤에서 상황을 해결할 수 있는 방법에 대해서 충분히 생각해봐야겠다."는 의미이다. think through에 '뭔가의 해결책을 위해 충분히 생각하다'의 의미가 포함되어 있다. here는 '여기에서' 뿐 아니라 '이쯤에서'의 추상적인 의미까지 포함한다.

⑩

286

You shouldn't have followed me here.

Match Point

톰(Tom)의 애인인 놀라(Nola)를 톰의 어머니 엘리노 (Eleanor)는 인정하지 않는다. 그로 인해 가족 안의 갈등 (tension)이 심하다. 배우 오디션에서 좋지 않은 결과를 얻은 놀라에게 엘리노는 앞으로 얼마나 배우라는 직업을 갖고 있을 거냐는 질문을 던진다. 늘 오디션에서 좋지 않은 결과가 나오면(keep being disappointed) 이게 과연 내 평생직업으로 옳은 선택인가를 고민해봐야 하는 것 아니냐는 말을 냉정하게 던진 것이다. 참견과 무시를 당하고 있다는 생각에 놀라는 화를 내며 밖으로 뛰쳐나간다. 밖에는 비가 심하게 내린다(during a storm). 비를 맞고 어디론가 향하는 놀라의 모습을 보고 크리스는 역시 비를 맞으며 그녀를 쫓아간다. 그리고 둘은…

Nola: You **shouldn't have followed** me here.

Chris: Do you feel guilty?

288

놀라: 저를 여기까지 쫓아오시는 게 아니었어요.
크리스: 죄책감이 들어요?

알지만 어쩔 수 없다. 이렇게 간절하게 끌리는 걸 어떻게 감당할 수가 없다. 감당할 수 없으면... 그래 그러면 끌리는 대로 해야지...

You shouldn't have followed me here.

"당신은 나를 여기까지 따라오지 말았어야 했어요."의 의미이다. 형태를 통해서 과거 사실에 대한 안타까움을 표현하고 있다. 동사 follow는 '~을 쫓아오다', '~을 미행하다' 등의 의미를 전한다.

Do you feel guilty?

"죄책감이 들어요?"의 의미이다. 형용사 guilty는 '죄책감이 드는'의 의미이며 feel guilty는 '죄책감을 느끼다'로 이해한다.

2005,
Drama/Crime,
2H 6M

must: 예외 없는 규칙/의무

뭔가를 반드시 해야만 한다는 의미이다. 그렇게 하지 않으면 욕먹게 되고 그렇게 하지 않으면 부모의 얼굴에 먹칠하는 꼴이 되며 그렇게 하지 않으면 누군가에게 큰 화가 미친다는 속뜻을 갖는다. 규칙, 법, 사회적인 규약, 윤리적인 또는 심리적인 규약 등을 의미한다.

워낙 강한 규제를 의미하기 때문에 대화에서는 남발하지 않도록 신경 써야 한다. 물론 적절하게 사용할 때는 사용해야 하지만 구어체보다는 문어체에서 즐겨 쓴다.

동생인 진저(Ginger)는 언니 재스민(Jasmine)에게 두 아들을 잠시 맡기고 데이트를 하러 나간다. 두 아이와 식당에서 이야기하는 재스민. 아이들의 때와 장소를 가리지 않는 천진한 말에 상처를 받을 법도 하지만 재스민은 그에 굴하지 않고 아이들을 어른 대하듯이 진지하게, 그리고 날카로운 표정으로, 겁주듯이 쏘아대듯 말한다. 그런 이모의 말투와 표정에 압도당한 채 이야기를 듣고 있는 아이들은…

Jasmine: You know, someday when you come into great
wealth, you **must** remember to be generous.
Matthew: Mom said you used to be okay,
but you got crazy.

재스민: 있잖니, 나중에 너희들이 부자가 되면 반드시
기억해라. 넉넉하고 후한 사람이 되어야 해.
매튜: 엄마가 그러셨어요. 이모가 예전에는 그래도

291

Blue Jasmine

괜찮았는데 그러다가 미쳤다고요.

한 사람이 감당할 수(withstand) 있을 만큼의 트라우마
(trauma)가 있다. 그것이 지나치면 그 트라우마를 아무한
테나 떠벌리게 되고(take to the streets) 비명을 지르기 시
작한다(start screaming). 재스민의 이야기이다.

You must remember to be generous.

"너 반드시 기억해, 돈 쓸 때는 너그럽게, 그리고 후하게 써
야 하는 거야."의 의미이다. 조동사 must는 '도덕적인 의무'를
말하고 있다. 반드시 그래야 한다, 그렇지 않으면 인간이 아
니다. 이렇게 강하게 밀어붙이는 상황이다. 부정사 to는 '미
래'의 의미를 갖는다. 그래서 remember to ~는 '앞으로 ~할
것을 기억하다'의 뜻을 전한다. generous는 '돈이나 시간을 필
요한 사람에게 후하고 너그럽게 사용하다'의 의미이다.

someday when you come into great wealth

"앞으로 네가 부자가 되었을 때"의 의미이다. when 이하의
문장이 someday를 수식한다. come into great wealth는 '매
우 큰 부자가 되다'는 의미이다. get rich라고 하면 거두절

292

미하고 건조하게 '부자가 되다'이지만 come into wealth라고 하면 '부의 안으로 들어가다'가 되어 부자가 아닌 상황에서 부자로 접어 들어가는 역동적인 움직임이 느껴진다. 대화할 때는 이런 생동감 있는 표현을 적절하게 사용하는 것이 매우 좋다.

④

You used to be okay, but you got crazy.

"이모가 전에는 괜찮았는데, 그러다가 미쳐버렸다고요."의 의미이다. used to ~는 '과거에 ~하곤 했었다'가 아니라 '과거에 항상 ~했다'가 정확한 뜻이다. okay는 '좋다'가 아니라 '그럭저럭 괜찮다'는 의미이고 get crazy는 '미쳐버리다'이다.

2013,
Comedy-drama/Drama,
1H 38M

엘리엇(Elliot)은 어떻게든 막내 처제에게 잘 보이려고 한다. 사실이 그렇다. 내가 좋아하는 사람이 있으면 그 사람에게는 물론 그 사람 주변의 모든 사람들에게 잘해주고 싶다. 그래서 그에게 잘 보이고 싶은 거다. 막내 처제의 남편 프레드릭(Frederick)은 화가이다. 엘리엇은 그의 그림을 살 만한 사람들을 물색해서 처제에게 소개한다. 그것이 처제에게 잘 보일 수 있는 최대한의 방법이라고 생각한다. 하지만 그 소식을 들은 프레드릭은 마냥 좋지만은 않다. 형부가 처제를 좋아하기 때문에 소개하는 거라고 생각한다. 심지어는 형부가 처제에게 욕정을 느끼고 있는 거(lust after)라고 말한다. 도대체 프레드릭은 왜 그런 말을 하는 걸까?

Frederick: Whenever you see him, you come home
with books he's recommended, or films you **must** see.
Lee: Oh, no, no. He's my sister's husband.
And he's very intelligent.

294

프레드릭: 당신이 그를 만날 때마다 집에 그가 추천하는
책이나 당신이 꼭 봐야 할 영화라고 들고 들어오잖아.
리: 오, 아니에요. 형부는 언니 남편인데요.
그리고 아주 똑똑한 사람이에요.

그렇긴 하겠다. 아무한테나 책을 추천하고 아무한테나 영
화를 꼭 봐야 한다고 강력하게 권하지는 않겠지. 그것도
한두 권이나 한두 편도 아니고 매번 많은 양의 것들을. 그
에게 관심이 있으니 추천해주고 싶고, 추천하려면 스스로
많은 것을 알아야 하니 이래저래 연구도 해보고. 하지만
그렇다고 그게 욕정과 관계가 있다? 그건 좀 무리수가 아
닐까? 그러나... 실제로 형부와 처제는 깊은 관계에까지 이
르게 된다.

Whenever you see him, you come home with books
he's recommended, or films you must see.

⑨

"당신은 그를 만날 때마다 집에 그가 추천한 책들이나 당
신이 꼭 봐야 할 영화들을 들고 오잖아."의 의미이다. 조동
사 must는 뭔가를 반드시 해야 한다는 의미로 쓰였다. 그
래서 films you must see는 '당신이 놓쳐서는 안 될, 반드시
봐야만 하는 영화'라는 뜻으로 이해한다. 단순한 추천이

295

1986,
Drama/Comedy-drama,
1H 47M

아니라 이런 영화를 안 본다는 것은 수치이며 큰 결격사유
가 될 수 있기 때문에 무슨 일이 있어도 봐야 한다는 느낌
을 전한다.

you come home with books he's recommended

"당신은 집에 늘 그가 추천한 책들을 들고 들어온다."는 의
미이다. 현재 시제 come을 사용해 버릇이나 습관을 말하
고 있다. 동사 recommend는 '~을 추천하다'의 뜻이다. 그
래서 books he's recommended는 '그가 추천한 책들'이다.

he's very intelligent.

"그는 매우 똑똑하다."의 의미이다. 형용사 intelligent를 '지
적인'으로 흔히 이해하는데 '똑똑한'에 더 가까운 의미이다.

296

Hannah and Her Sisters

엘리엇(Elliot)은 미술 작품을 구매하려는 고객을 데리고 리(Lee)의 집으로 간다. 고객이 영 마땅치 않은 프레드릭(Frederick)은 자신의 그림을 판매하고 싶은 생각이 없지만 아내인 리의 설득으로 고객과 함께 지하(basement)에 유화(the oils)를 보여주러 내려간다. 그 사이 리와 단둘이 남은 엘리엇은 기습적으로 리에게 키스를 한다. 사랑한다고 고백하는 엘리엇과 당황해서 어쩔 줄 모르는 리. 그때 지하에서 올라온 고객과 프레드릭. 엘리엇과 고객은 서둘러 집을 나선다. 집 밖에서 리에게 전화하는 엘리엇. 하지만 프레드릭이 전화를 받는다. 엘리엇은 아무런 말도 못하고 전화를 끊는다. 엘리엇을 찾으러 황급히 집을 나섰던 리. 둘은 길모퉁이에서 마주치는데…

Lee: Oh, there you are! I was looking for you.
Elliot: I **must** apologize. I'm sorry. I'm so mixed up!
Lee: How do you expect me to react to such a thing?

1986,
Drama/Comedy-drama,
1H 47M

리: 거기에 계셨네요. 형부 찾고 있었어요.

엘리엇: 내가 사과할게. 미안해. 내가 제정신이 아니야.

리: 그런 행동에 제가 어떻게 반응하기를
기대하시는 거예요?

글쎄... 상황이 좀 이상하다. 키스에 대한 반응이 예상 밖이
다. 몹시 화를 낼 줄 알았는데, 화를 내는 듯하지만 실제로
는 화처럼 느껴지지 않는다. 그저 내가 어떤 반응을 보이기
를 기대했냐고 묻고 있지 않은가... 리(Lee)도 형부를 맘속
에 두고 있었던 거다. 그래서 집을 나서는 형부를 만나러 뛰
쳐나온 거다. 따지러 나온 게 아니라 확인하러 온 거다. 자신
의 마음을, 형부의 마음을 다시 한번 확인하고 싶었던 거다.

I must apologize.

"내가 사과할게."의 의미이다. 그 속뜻은 "내가 한 짓은 윤
리적으로 도덕적으로 정말 말도 안 되는 짓이었다. 그래서
나는 지금 반드시 사과를 해야만 한다." 정도이다. 조동사
must가 주는, 상황에 따른 포괄적인 느낌을 제대로 이해
해야 한다. 동사 apologize는 '사과하다'의 의미이다.

There you are. I was looking for you.

Hannah and Her Sisters

"거기에 계셨군요. 찾고 있었어요."의 의미이다. 상황에 따라서는 "여기에 계셨군요."라고 해석해도 좋다. there와 here에 당연히 거리감의 차이는 있지만 누군가에게 접근해가면서 하는 말이기 때문에 '거기'든 '여기'든 큰 차이는 느껴지지 않는다. look for는 '눈에 보이지 않는 뭔가를 찾다'의 의미이기 때문에 I was looking for you.는 "너를 찾고 있었다."가 된다.

I'm so mixed up!

"내가 완전히 제정신이 아니야."의 의미이다. mixed up는 '감정이 완전히 뒤섞여서 뭐가 뭔지 모르는 혼동의 상태, 그리고 정신적으로 장애를 일으키는 상태에 놓여 있음'을 의미한다. 그래서 본문에서는 '제정신이 아닌 상태인'으로 해석한다. 부사 so는 mixed up의 의미를 강조하고 있다.

How do you expect me to react to such a thing?

⑨

"그런 짓에 내가 어떻게 반응을 보이리라 기대하는 거야?"의 의미이다. 이것을 "그런 짓을 하면 나더러 어떻게 하라는 거야?" 정도로 이해한다. expect me to ~는 '내가 ~하기를 기대하다'의 의미이고 react to ~는 '~에 반응을 보이다'의 뜻이다. such a thing은 '그런 것', '그런 행동' 등으로 이해한다.

299

1986,
Drama/Comedy-drama,
IH 47M

질(Jill)이 알게 되었다. 에이브(Abe)가 살인범이라는 사실을. 에이브는 너무도 당당하다. 자신이 사람을 죽였기 때문에 세상이 더욱 살기 좋아진 거라 생각한다. 미친 거다. 그래서 영화 제목이 Irrational Man, 비이성적인 남자다.

질은 에이브를 만나 따진다. 도망치라 권한다. 에이브를 고발하고(turn in) 싶다. 하지만 그럴 수 없다. 그를 사랑하기 때문이다. 이건 미친 짓이라고 울부짖는 질에게 에이브는 이렇게 말한다.

Abe: I'm asking you to put our everyday assumptions
aside, and trust your experience of life.
In order to really see the world, we **must** break with our
familiar acceptance of it.

에이브: 내 말대로 해봐. 우리 일상 속 믿지도 못할
가정들은 다 걷어치우고 네가 살면서 해왔던

Irrational Man

경험만을 믿어보는 거야. 진짜 세상을 제대로
보기 위해서는 그동안 우리가 익숙하게 받아들여
왔던 세상의 통념을 깨야 해.

한때 이런 철학에 목숨을 건 사람들이 있었다. 정신을 지
배하는 철학 사조들의 변화와 흐름이 한 인간의 잘못된
사고를 유발할 수 있다. 그럴 때 그 사고의 외곽에 있는 사
람들은 절대로 통제할 수 없는 상황들이 도출된다. 자살,
살인, 간음, 강간… 본디, 철학은 건강한 학문이다. 철학을
통해서 시대가 바뀌어 왔다. 철학은 역사를 만든다. 그런
데, 이 시대의 건강한 철학이 사라졌다.

In order to really see the world, we must break with
our familiar acceptance of it.

"정말 세상을 제대로 보기 위해서, 우리는 세상에 대한
우리의 익숙한 수용과 단절해야 해."의 의미이다. 조동사
must는 '~해야 한다', '예외 없이 반드시 ~을 해야 한다' 등
의 의미로 쓰이고 있다. 단호하다. 단호한 명령이다. 이것
을 지키지 않으면 원하는 것을 절대 얻을 수 없다는 느낌
이다. in order to ~는 '~을 하기 위해서'의 의미이며 break
with ~는 '~와 단절하다'이다. familiar acceptance of ~는 '~

의 익숙한 수용'이다. 풀어서 말하면 '~에 대해서 익숙하게 수용해 왔던 것들'을 뜻한다.

I'm asking you to put our everyday assumptions aside.

"너에게 부탁하건데, 매일의 가정들을 무시하도록 해."의 의미이다. I'm asking you to ~는 '내가 지금 너에게 ~을 하도록 부탁한다'가 직역이다. put aside는 '~을 무시하다', '~을 제쳐놓다' 등의 뜻이며 assumption은 '정확한 근거가 없는 가정이나 추정'을 뜻한다. 따라서 put assumptions aside는 '근거 없이 난무하는 가정들을 무시하다'로 이해한다.

JUAN

We must not get into this conversation again.

303

Vicky Cristina Barcelona

후안(Juan)과 크리스티나(Cristina), 비키(Vicky)와 그녀의 약혼자. 네 사람의 만남. 모두 즐거운 가운데 비키만 외롭다. 비키는 약혼자가 안중에도 없다. 후안과의 그날, 그 일을 잊을 수가 없다. 후안은 비키에게 약혼자와 잘 어울린다고 말한다(very well suited). 두 사람이 미래에 아주 편안하고 좋은 커플이 될 것 같다고(make a comfortable couple) 말한다. 그 말을 들은 비키는…

Vicky: You don't understand.
Juan: Vicky, please. We **must** not get into this conversation again. Things have moved on and I've developed real feelings for Cristina.

비키: 당신은 이해 못 해요.
후안: 비키, 제발. 우리 다시는 이런 대화하지 말아야 해요. 상황이 지금 변했어요.

304

Vicky Cristina Barcelona

그리고 난 지금 크리스티나에게 진짜 좋은 감정이
생겼단 말입니다.

여자의 마음, 남자의 마음. 여자의 상황을 뒤늦게 이해해주
려고 했건만 여자의 마음은 이미 이 남자에게로 다리를 건
넜다. 걷잡을 수 없다. 원래 남자에 대한 예의 때문에, 그리
고 새로운 남자의 느닷없는 단호함 때문에 여자는 제자리
로 돌아가야겠다는 생각이 들긴 하지만 그건 온전한 자의
가 아니다. 주춤주춤, 이 여자의 인생이 참 애달프다.

We must not get into this conversation again.

"우리 절대로 다시는 이런 대화 해서는 안 돼."의 의미이다.
이건 누구에게도 도움이 되는 일이 아니며 이런 대화로 서
로의 생활에 치명적인 결과를 일으켜서는 안 된다는 의도
로 조동사 must를 이용했다. 이 상황에서 must를 대체할
단어는 없다. get into this conversation을 직역하면 '이 대
화 속으로 빠져들다'이며 '이런 대화를 하다'로 이해한다.

Things have moved on.

"그동안 상황이 변했다."는 의미이다. 현재 완료가 쓰여서

2008,
Drama/Comedy-drama,
IH 37M

'그동안'으로 해석해야 하며 move on은 '한 장소에서 다른 장소로의 이동'을 의미한다. 이 영화에서는 '과거의 상황에서 현재는 다른 상황으로 바뀌었다'는 속뜻을 갖고 있다. 따라서 '상황이 변했다', '상황이 바뀌었다'로 해석한다.

I've developed real feelings for Cristina.

"난 그동안 크리스티나에게 진짜 사랑의 감정이 생겼다." 는 의미이다. 동사 develop는 '~을 개발하다' 이외에 '~을 진전시키다', '~이 생기다' 등의 의미를 갖는다. real feelings 는 '진짜 좋아하는 감정', '정말 사랑하는 감정' 등의 뜻이다. 따라서 develop real feelings for ~는 '~에게 진짜 좋아하는 감정이 생기다'로 이해한다.

ADRIANA

Oh, you must stay here.

Midnight in Paris

프랑스 보르도(Bordeaux) 출신의 아드리아나(Adriana). 패션 공부를 위해 파리에 왔다. 코코 샤넬(Coco Chanel) 과 함께 공부했다. 이탈리아 화가 모딜리아니(Amedeo Modigliani)와 잠시 동거했다. 그리고 프랑스 화가 브라크(Georges Braque)와도 연애했다. 지금은 피카소(Pablo Picasso)의 정부이다. 길(Gil)은 그녀와의 대화가 몹시 흥미롭고 감동 그 자체이다.

Adriana: So, have you come to Paris to write? These days, so many Americans feel the need to move here.

Gil: I know. Actually, I'm just here visiting.

Adriana: Oh, you **must** stay here.

아드리아나: 그래, 파리에는 글을 쓰러 오신 건가요? 요즘, 정말 많은 미국인이 이곳으로 이주해 올 필요성을 느끼잖아요.

길: 잘 알죠. 사실, 저는 이곳에 잠깐 방문차 온 겁니다.

아드리아나: 오, 여기에 반드시 머무셔야 해요.

가수를 따라다니는 소녀팬들을 그루피(groupie)라고 한다. 문학인들이나 화가들을 쫓아다니는 여성팬들 또한 그루피이다. 어느 나라나 그런 그룹들이 있다. 이 영화의 아드리아나는 화가들을 좋아한다. 그래서 그들과 오랜 시간을 보내고 싶어 한다. 피카소에게는 많은 여성이 있었다. 하지만 어느 여성도 피카소의 성격을 감당하지 못하고 그에게서 멀어져 갔다. 지금은 아드리아나가 그의 곁에 있다.

You must stay here.

"당신은 반드시 여기에 머물러야 해요."의 의미이다. 지금이 어떤 시기인데 파리를 단지 방문만 하고 가겠다는 거냐. 그것도 작가라는 양반이. 모름지기 작가라면 지금은 반드시 파리에 머물면서 파리의 물을 들이켜며 파리의 공기를 마시며 글을 써야만 한다. 아니면 진정한 작가라고 볼 수도 없다. 뭐, 이 정도의 느낌으로 조동사 must를 이용하고 있다.

Have you come to Paris to write?

2011,
Fantasy/Romance,
1H 40M

"파리에는 글을 쓰러 오신 겁니까?"의 의미이다. 현재 완료를 이용하여 이미 파리에 온 목적을 묻고 있다. 현재 완료에는 '경험'과 '완료'의 의미가 포함된다. 과거에 행한 일이 말하고 있는 지금 이 순간까지도 영향을 주고 있을 때 현재 완료를 이용하여 말한다.

Actually, I'm just here visiting.

"사실, 저는 그냥 방문차 이곳에 온 겁니다."의 의미이다. 대화 중에 말하지 못하다가 나중에 결국 어떤 사실을 털어놓을 때 문두에 사용하는 어휘가 actually이며 '사실은 말이지… '의 의미를 전한다. I'm just here visiting을 단어 순서대로 직역하자면 "나는 그냥 지금 여기에서 체류 중이다."가 된다. 이것을 "나는 그냥 여기에 잠깐 다니러 온 것뿐이다."로 이해한다.

must: 강력한 추측

뭔가 사실임이 틀림없다는 강한 추측의 의미를 갖는다. 따라서 어지간한 확실성이 없다면 함부로 사용하지 말아야 할 어휘이다. 워낙 강력한 의미이기 때문에 특히 대화할 때는 조심해야 한다. 섣불리 사용했다가는 상대에게 신용을 잃을 수도 있기 때문이다.

"나만 믿어. 분명하다니까 그래.", "아이고 그럴 리 없어. 내가 보증해. 그건 반드시 될 수밖에 없는 일이야.", "나 못 믿어? 이건 100% 확실한 일이라니까 그래." 등의 느낌을 전하는 조동사이다.

애니(Annie)와 앨비(Alvy), 영화를 보기로 약속했다. 그런데 애니는 영화가 거의 시작될 무렵에 약속한 영화관에 도착했다. 앨비로서는 견딜 수 없는 일이다. 잔소리를 늘어놓는 앨비. 짜증 나는 애니. 짜증 낼 만도 하다. 어찌나 속사포처럼 잔소리를 해대는지…

Annie: Please. I have a headache, all right?
Alvy: You are in a bad mood.
You **must** be getting your period.

애니: 제발, 좀. 나 머리 아파요, 알아요?
앨비: 지금 기분이 안 좋군 그래.
분명히 당신 생리 중인 거야.

이건 또 뭐야. 무작정 생리 중이라니. ㅎㅎㅎ. 하여간 우디 앨런은 상상 속의 말들을 그대로 대사로 토해내는 천부적인 재능을 가졌다. 그런 재능을 직접 주인공 역할을 하면서 자신의 입으로 쏟아내니 얼마나 시원하고 통쾌할까. 부럽다, 부러워.

You must be getting your period.

"당신 분명히 생리 중인 거지."의 의미이다. 내 생각에는 이럴 수밖에 없다는 거다. 이런 상황에서 뜬금없이 머리가 아프다고 말하는 건 분명히 생리 중이기 때문에 이러는 거다. 이건 뭐 내가 볼 때 분명한 사실이다. 이런 느낌으로 사용하는 조동사가 바로 must이다. period는 '생리'를 뜻하며 get one's period는 '생리하다'이다.

I have a headache, all right?

"나 지금 머리가 아파, 알았어?"의 의미이다. 뒤에 all right?를 사용하고 있는 부분이 중요하다. 상대가 하도 잔소리를 해대니 짜증 나는 목소리로 '알았냐고, 어?' 정도의 느낌으로 던지는 말이다. "나 지금 가야 한다고, 어?"는 I have to leave now, all right?이다.

You're in a bad mood.

⑫

1977,
Drama/Romance,
1H 33M

"당신 지금 기분이 안 좋군."의 의미이다. 명사 mood는 '기분'을 뜻하며 in a bad mood는 '기분이 나쁜 상태에 있는'이다. 따라서 be in a bad mood는 '기분이 나쁘다'가 되는 것이다.

Tony.
You must be
Tony.

Blue Jasmine

바람을 피운 후 재스민(Jasmine)에게 이혼을 요구하는 남
편 할(Hal). 분노에 분별력을 상실한 재스민은 FBI에 전
화하여 금융 자산관리자인 남편의 사기행각을 고발한
다. 감옥에 갇힌 할은 결국 자살하고 만다. 수입이 없어진
재스민은 울며 겨자 먹기로 한 치과에서 리셉셔니스트
(receptionist)로 일을 시작한다. 하지만 의사의 성추행으
로 얼마 지나지 않아 병원을 그만둔다. 친구 섀런(Sharon)
은 실의에 빠진 재스민을 파티에 초대한다. 못 이기는 척,
재스민은 동생인 진저와 함께 파티에 참석하게 되는데…

Sharon: How are you? I'm so glad you came.
Jasmine: Tony. You **must** be Tony.

섀런: 안녕. 왔네, 정말 반가워.
재스민: 토니. 토니 맞죠.

316

남편이 죽은 후 재스민은 폭음을 시작하고 항불안제(anti-anxiety)를 남용하기 시작한다. 그러면서 혼잣말로 과거의 일들을 중얼거리는 버릇이 생기게 된다. 파티에 참석해서도 한쪽에 서서 혼자 무어라 중얼거리고 있다. 그러다가 친구의 인사를 받는 장면이다. 영화를 보면서도 정말 미치겠다. 그 마음, 백번 이해하고도 남는다.

④

You must be Tony.

"토니 맞죠."의 의미이다. 말로만 듣던 사람이 눈앞에 서 있다. 이건 분명히 그 사람일 것이라는 확신에 차서 must를 이용하여 말을 던지는 것이다. 다른 어휘와는 대체 불가다.

I'm so glad you came.

"당신이 와서 정말 반갑다."는 의미이다. 형용사 glad는 '대단히 기쁜', '매우 다행인' 등의 의미를 갖는다. 파티에 초대했지만 과연 올까? 라는 생각을 갖고 있다가 실제로 파티에 나타난 친구를 보며 반가운 마음에 던지는 말이다.

2013,
Comedy-drama/Drama,
1H 38M

④

파티에서 재스민은 우연히 드와이트(Dwight)를 만나게
된다. 그는 1년 전에 아내와 사별했으며 현재는 국무부
(the State Department)에서 일하고 있다. 자신의 스타일에
매료된 드와이트의 접근이 재스민은 전혀 싫지 않다. 오히
려 재스민도 그와 좋은 관계를 맺고 싶어 한다.

드와이트는 샌프란시스코에서 자랐다(grew up in San
Francisco). 재스민은 남편이 세상을 떠난(passed away) 후
에 새로운 삶을 시작하기 위해서(to start a new life) 샌프란
시스코에 왔다고 드와이트에게 말한다. 드와이트는 그녀
의 전남편이 무슨 일을 했는지 묻는다(What did he do?).
남편이 외과 전문의(a surgeon)였다고 재스민은 거짓말을
한다. 그 말에 대한 드와이트의 대답은…

Dwight: That **must** be incredibly stressful.
Jasmine: No, I mean, he had a heart attack.

318

Blue Jasmine

드와이트: 아, 그거 진짜 스트레스 많이
쌓이는 일일 텐데요.
재스민: 아니요, 제 말은, 심장마비였어요.

마음껏 거짓말한다. 탄로 날 일이 절대 없을 것 같았다. 그래서 거짓말을 자연스럽게 했다. 전남편의 직업이 금융 자산관리자에서 외과 의사로 둔갑했고, 사인은 자살에서 심장마비(had a heart attack)로 바뀌었다. 본인은 지금 인테리어 디자이너(interior designer)가 되고 싶어서 공부하고 있는데 이미 디자이너가 된 것처럼 꾸몄다. 거짓말? 반드시 탄로 난다. 그리고 그로 인해서 정말 심한 타격을 받게 된다. 재스민도 예외는 아니다.

That must be incredibly stressful.

"그거 정말 스트레스 엄청나게 쌓이는 일일 텐데 말이죠."의 의미이다. 외과 의사라는 직업이 의심의 여지없이 스트레스를 무지하게 동반하는 일이라고 확신하면서 하는 말이다. 그래서 조동사 must의 도움이 필요한 거다. incredibly는 '믿을 수 없을 정도로', '엄청나게' 등의 의미이며 stressful은 '스트레스가 꽉 찬', '스트레스가 많은' 등으로 해석한다.

319

2013,
Comedy-drama/Drama,
1H 38M

He had a heart attack.

"그는 심장마비에 걸렸다."는 의미이다. a heart attack는 '심장마비'이며 have a heart attack는 '심장마비를 일으키다', '심장마비에 걸리다' 등으로 이해한다.

④

A car?
It must be your
imagination.

Take the Money and Run

탈옥한 이후에 지명수배자(wanted criminal)가 된 버질
(Virgil). 당연히 직업을 구하기가 힘들다. 아내 루이즈
(Louise)가 임신을 했다. 기쁨보다는 청천벽력이다. 돈벌이
가 없으니. 아들이 태어났다. 버질과 루이즈는 다른 주(州)
로 이사 간다. 새 출발을 위해서. 역시 직업을 구하기는 힘
들다. 그러던 어느 날, 과거를 숨기고 그는 용케 번듯한 직
업을 갖게 된다. 회사 우편물실에서 일하게 되었다. 하지만
동료 여직원인 블레어(Blair)에게 그의 과거를 들키고 만
다. 그녀는 돈을 요구한다. 점점 요구하는 돈의 액수가 커
진다. 아내와 아이에 대한 책임감에 힘들기만 한 버질. 그
는 블레어를 살해하기로 결심한다. 자동차를 빌린 그는 그
녀를 치어 죽이려 했지만, 결국 실패로 돌아간다. 그리고
다음 날 그녀의 집에 들른 버질은 누군가 자기를 죽이려
한다는 말을 던지는 블레어를 위로한다.

Blair: When I came home from work last night,

Take the Money and Run

there was a car in my living room trying to run me over.

Virgil: A car? It **must** be your imagination.

블레어: 어젯밤에 퇴근하고 집에 들어왔는데 거실에

차가 있는 거예요. 저를 치려는 거예요.

버질: 자동차요? 그냥 상상이겠죠.

허술하고 어수룩하기 짝이 없는 버질. 살인을 제대로 할
수 있는 위인도 못 된다. 블레어 뒤에서 그녀의 머리를 아
무 생각 없이 불쏘시개로 내려치려다가 뜨거워서 자기 손
만 데고 만다. 그녀에게 초 모양의 폭탄을 익명으로 보냈
는데 초가 너무 커서 맞는 촛대가 없다. 그래서 촛불을 켤
수가 없다. 매번 그런 식이다.

It must be your imagination.

"그건 분명히 당신이 그냥 상상한 것이겠죠."의 의미이다.
어떻게 그런 일이 있을 수 있느냐. 말도 안 된다. 그냥 당신
이 상상한 것 아니냐. 분명히 그럴 것이다. 이런 느낌을 전
하는 조동사가 must이다. 명사 imagination은 '상상'의 의
미이다.

1969,
Parody film/Crime,
IH 25M

I came home from work.

"퇴근하고 집에 왔어."의 의미이다. '퇴근 후에'는 after work이지만 '일 다 끝나고 직장에서'를 말할 때는 from work라고 한다. 따라서 '일 끝나고 회사에서 집으로 들어오다'는 come home from work라고 말한다. 여기서 work는 '일'이 아니라 '회사'의 의미로 쓰이고 있다.

There was a car in my living room
trying to run me over.

"거실에 나를 치려는 자동차가 한 대 있었다."는 의미이다. living room은 '거실'이며 run me over는 '자동차가 나를 치다'의 뜻을 전한다.

⑧

'과거에 ~이었음이 틀림없다'는 의미이다. ‹must + 동사원형›은 현재의 일에 대한 강력한 추측이며 ‹must have + 과거 분사›는 과거의 일에 대한 강력한 추측이다.

현재 완료(have+과거 분사)는 과거에 발생했거나 마무리된 일이 현재까지 유효한 상태일 때, 또는 과거에 시작된 일이 현재까지도 계속되고 있을 때 사용한다. 따라서 그 의미는 현재 중심이 아니라 과거 중심이다. 이 현재 완료가 must와 함께 쓰이면 결국 '과거 사실에 대한 강한 추측'을 전하게 되는 것이다.

험프티(Humpty)는 반대를 무릅쓰고 깡패 프랭크(Frank) 와 결혼한 후 도망친 딸 캐롤라이나(Carolina)가 자신을 찾아와 살려달라 하지만 냉정하게 거절한다. 캐롤라이나 는 프랭크에게 잡히면 죽는다며 아버지와 같이 지내게 해 달라고 애원한다. 귓등으로도 듣지 않는 험프티.

어느 날, 프랭크의 무리들이 험프티를 찾아와서 캐롤라이 나의 소재를 묻는다. 사위인 프랭크가 안부를 전한다며(says hello) 아내가 사라져서(go missing) 몹시 기분이 언짢단다 (very upset). 그래서 아버지인 험프티가 그녀의 소재를 알고 있을까 싶어서 찾아왔다는 것이다. 이에 험프티는 대꾸한다.

Humpty: I haven't seen Carolina in years.
We're not in good terms. Frank **must've told** you that.

험프티: 나도 캐롤라이나를 못 본 지 몇 년째요.
우린 사이가 좋지 않아요.

프랭크가 당신들한테 진작 얘기를 했을 텐데.

그렇다. 아무리 딸내미가 속을 썩이고 깡패하고 붙어서 결혼한답시고 도망가서 연락도 끊고 살았다 해도 내 딸을 보호하는 마음은 본능적이다. 어느 부모가 깡패한테 다시 자기 딸을 내어줄 수 있을까. 깡패가 아무리 위협적이라도 그건 안 될 말이다. 애들아 물렀거라 그건 내 딸이다, 내 딸.

Frank must've told you that.

"프랭크가 당신들한테 분명히 얘기했을 텐데."의 의미이다. 형태를 통해서 과거에 분명히 어떤 일이 있었을 거라는 확실한 추측을 전하고 있다. must have는 대화체에서 must've로 줄여서 흔히 말한다. 따라서 must've told you that은 '당신들에게 그 사실을 이미 과거에 말했음이 틀림이 없다'는 의미이다.

I haven't seen Carolina in years.

"나는 여러 해 동안 캐롤라이나를 만나지 못했다."는 의미이다. 이것을 "캐롤라이나의 얼굴을 본 지 여러 해 되었다."로 의역한다. '~ 동안'을 말할 때 전치사 for를 쓰지만 부정

⑪

문에서는 for 대신에 in을 사용한다.

We're not in good terms.

"우리는 사이가 좋지 않다."는 의미이다. in good terms는 '사이가 좋은 상태인'의 의미이다. 따라서 be not in good terms라고 하면 '사이가 좋지 않다'로 해석한다.

You must have been very unhappy.

329

Hannah and Her Sisters

엘리엇(Elliot)의 막내 처제를 사랑하는 마음은 달랠 길이 없다. 정말 이 남자 못 말린다. 막내 처제 리(Lee)의 집 주변에서 얼쩡거리다가 리가 집에서 나오는 모습을 보고 우연을 가장, 적절한 곳에 숨어 있다가 리와 마주친다.

아니, 형부가 여긴 웬일이세요(What are you doing here)? 라고 묻자 느닷없이 서점을 찾고 있단다. 근처에 사는 고객과 만나기로 했는데(have a client near here) 너무 일찍 도착했다나(I'm quite early). 그래서 시간을 죽이고 있단다(killing time). 거짓말도 참… 처제에게 어디에 가느냐고 물으니 AA 모임에 간단다. AA는 Alcoholics Anonymous의 약자로서 '알코올 중독자 갱생회'를 뜻한다. 따라서 AA 모임이라면 간단히 '알코올 중독자 모임'을 뜻한다. 지금은 전혀 술을 마시지 않는(never touch alcohol) 막내 처제가 아직도 그런 모임에 간다니 형부는 이해가 안 된다. 하지만 처제는 지금 같이 사는 프레드릭을 만나기 전에는 오전 10시부터 맥주를 마시기 시작할 정도로 심각한 알코올 중독

330

자였다. 그 말을 들은 형부는…

Elliot: You **must have been** very unhappy.
Lee: Yeah, unhappy and fat.
And l still find the meetings very comforting.

엘리엇: 예전에 뭔가 몹시 행복하지 않았나 보네.
리: 그래요, 행복하지 않은 것도 않은 거지만
살도 많이 쪘었죠. 지금도 그 모임에 가면 정말 위안이
되고 좋아요.

의도하지 않고 정말 우연히 만나서 이런 대화가 진행된다면
야 누가 뭐랄까. 시커먼 속내에서 튀어나온 이런 말들은 정
말 역겹기만 하다. 나쁜 놈. 정말 재수 없다. 형부의 의도를
전혀 눈치채지 못하는 처제의 마음은 형부가 참 자상한 사
람이라는 생각으로 물들 듯하다. 아, 나는 처제가 없구나.

⑨

You must have been very unhappy.

"과거에 정말 불행했었나 보네."의 의미이다. ‹must have+
과거 분사› 형태로 과거 사실에 대한 강력한 추측을 말하
고 있다. 게다가 be 동사가 쓰였으므로 ‘단정적’인 느낌이

331

더욱 강해졌다. unhappy는 무조건 '불행한' 보다는 '마음
이 편하지 않은', '심정적으로 불편한' 등 다양한 우리말 표
현이 가능해야 한다. 그래야 적절한 의역이 가능해진다.

Unhappy and fat.

"행복하지 않은 데다가 살까지 쪘죠."의 의미이다. 본인의
입으로 자기가 fat하다고 말하는 거야 문제 될 건 없지만
남한테 fat라고 하면 그건 매우 부적절한 말이 된다. fat는
상대의 심정을 심하게 건드리는 매우 무례한 어휘에 해당
하기 때문이다. You're fat.는 물론 제삼자를 가리켜서 He's
fat. She's fat. 같은 말들도 사용하지 않는 것이 좋다.

I still find the meetings very comforting.

"아직도 그 모임이 매우 위안이 된다."는 의미이다. 동사
find가 5형식에 쓰여서 find A B의 형태가 되면 'A가 B임을
알게 된다'의 의미를 전한다. 이때, 그 알게 된다는 말의 속
뜻은 '나도 모르게 그렇다는 사실을 깨닫게 되다'가 된다.
여기에서 특히 '나도 모르게'의 느낌을 잊지 않도록 하자.
comforting은 '남에게 위안을 주는'의 의미이다.

332

미키(Mickey)는 한때 인생무상을 느끼고 종교를 통해 그 것을 해결해보려 했다가 결국 자살 시도에까지 이르게 되 었다. 삶과 죽음에 대한 심한 갈등 속에서 결국 집을 뛰쳐 나와 온갖 잡다한 생각 속에 거리를 헤매던 미키.

Mickey: I wandered for a long time on the Upper West Side. It **must have been** hours. My feet hurt and my head was pounding. I went into a movie house. I just needed a moment to gather my thoughts.

⑨

미키: 난 Upper West Side에서 한참을 걸었어. 몇 시간은 걸었을 거야. 발이 아프고 머리는 지끈거리고 있었지. 영화관으로 들어갔네. 난 그냥 시간이 좀 필요했던 거였어. 생각을 정리할 시간 말이야.

It must have been hours.

333

1986,
Drama/Comedy-drama,
1H 47M

"분명히 몇 시간은 되었을 거야."의 의미이다. 지금 생각해 보면 그때 걸었던 시간이 분명히 몇 시간은 되었을 것이라는 '강한 추측'을 must have been으로 표현하고 있다. '시간'을 말할 때 비인칭 주어 it를 이용한다는 사실, 강력한 추측의 문장에 사람만 주어로 나올 수 있는 것은 아니라는 사실을 기억해야 한다.

My feet hurt and my head was pounding.

"발이 아프고 머리가 지끈거렸다."의 의미이다. 동사 hurt 는 정신적으로나 육체적으로 '아프다'의 의미를 갖는다. 동사 pound는 '두드리다'의 의미인데 머리가 두드린다는 것은 '머리가 울리면서 지끈거린다'는 뜻이다.

I just needed a moment to gather my thoughts.

⑨

"나는 생각을 정리할 시간이 필요했다."는 의미이다. moment는 '순간'에 해당되기 때문에 그다지 길지 않은 시간을 의미한다. 동사 gather는 '~을 모으다'의 뜻이며 gather one's thoughts는 '생각을 모으다' 즉, '생각을 정리하다'로 이해한다.

Hannah and Her Sister

may: 가능성

어떤 일이 일어날 가능성이 있음을 의미한다. 가능성을 의미하는 조동사들 중에서 must와 can 다음으로 현실화될 가능성이 크다. 따라서 상대적으로 그다지 큰 가능성은 아니지만 그 가능성을 배제할 수 없을 때 사용한다.

추수감사절 파티. 큰 언니 하나(Hannah)의 남편인 엘리엇(Elliot)의 내레이션으로 영화가 시작된다. 시작부터 엘리엇은 막내 처제 리(Lee)에 대한 관심을 얘기한다. 모두들 분주히 파티 준비를 하는 중에 엘리엇과 리는 단 둘이 대화를 나눈다. 엘리엇이 파티에 참석하지 않은 리의 동거남 프레드릭에 대해서 질문한다. 프레드릭은 은둔 화가(reclusive artist)이다.

프레드릭의 기분이 별로 좋지 않은 상태(one of his moods)란다. 그래도 이번 주에 그림을 한 점 팔아서 기분이 아주 나쁘지는 않다는 리의 대답. 그런데 그 그림이 리 자신을 그린 누드 습작(nude study)이란다. 자신의 누드화가 낯선 사람의 거실에 걸려 있는 느낌(being hung naked in a stranger's living room)... 참 이상하고 낯뜨겁겠다.

Elliot: What are you up to?

336

Lee: I don't know. My unemployment cheques are
running out. I **may** take a course at Columbia with
the last of my savings.

엘리엇: 요즘 어떻게 지내고 있어?
리: 모르겠어요. 제 실업급여는 거의 다
떨어져 가고 있어요. 통장에 마지막 남은 돈으로
콜럼비아에서 수업을 좀 들을 수도 있고요.

마음속으로 리(Lee)와의 별의별 생각을 다 하던 엘리엇에
게 리는 아무렇지도 않은 듯 누드화 이야기를 한다. 그 얘
기에 엘리엇의 머릿속에는 리의 나체가... 얼굴이 절로 붉
어졌다. 어, 형부의 얼굴이 왜 저리 빨개질까... 코미디다,
완전. 유치한데 봐줄 만하다.

I may take a course at Columbia with
the last of my savings.

"콜럼비아 대학에서 제 마지막 남은 돈으로 강의를 들을
수도 있어요."의 의미이다. 조동사 may가 '가능성'을 말하
고 있다. 가능성이 아주 큰 건 아니지만 당연히 그럴 수도
있다는 의미를 전한다. take a course는 '강의를 듣다'의 뜻

337

1986,
Drama/Comedy-drama,
1H 47M

이며 Columbia는 뉴욕에 위치한 아이비리그(Ivy League) 중의 하나인 콜럼비아 대학을 일컫는다. savings는 '절약해서 남은 돈'을 뜻한다.

What are you up to?

"요즘 뭐 하면서 지내?"의 의미이다. be up to something은 '평소에 어떤 일을 하다', '요즘에 어떤 일을 꾸미다' 등의 의미로 쓰인다. 본 영화에서는 "요즘에는 무슨 일을 하면서 사나?"의 느낌으로 쓰고 있다.

My unemployment cheques are running out.

"제 실업수당이 거의 다 떨어져 가고 있어요."의 의미이다. unemployment cheques는 '실업급여', '실업수당' 등의 의미이다. run out는 '원래 있던 것이 사라져 가다', '다 써버리다' 등의 의미로 해석한다.

⑨

하나(Hannah)의 전남편이었던 미키(Mickey). 그의 직업은 TV 방송작가였다. 그는 하나와 이혼 후 그녀의 동생 홀리(Holly)와 데이트를 한다. 그도 여의치 않아 홀리와 헤어진 이후에 그는 이모저모로 좌절을 겪으며 인생의 무의미함을 느끼고 자살까지 생각한다. 결국 인생은 이해해야 하는 대상이 아니라 즐기는 대상이어야 한다는 명제에 눈을 뜨고 다시 홀리를 만나기 시작한다. 홀리는 코카인 중독자였으며 크게 성공하지 못한 여배우였다. 배우를 포기하고 언니 하나의 도움으로 케이터링 비즈니스를 시작했으며, 뮤지컬 배우로서 오디션에 참여할 정도로 노래에 대한 애정도 깊다. 비즈니스를 접은 후에는 작가의 길로 뛰어든다. 자신이 걸어온 인생을 주제로 글을 쓴 홀리는 그 사실을 미키에게 알리게 되는데…

⑨

Holly: I think it might make a great television script,
and you're so active in television.

339

1986,
Drama/Comedy-drama,
IH 47M

Mickey: Not any more.

I haven't been in television for a year.

No, I **may** have to get back into it.

홀리: 제 생각에는 TV 대본으로 아주 훌륭할 것 같은데,
그리고 당신 TV 활동 활발히 하고 계신 거죠.
미키: 요즘은 아니야. 1년 동안 TV 활동 안 했어. 아니,
다시 시작할 수도 있어.

I may have to get back into it.

"아마 그 일을 다시 시작할 수도 있어."의 의미이다. 조동사 may는 '가능성'을 말하고 있다. get back into ~는 '다시 ~ 안으로 들어가다'이며 본 영화에서는 그 '안'이라는 게 방송작가로서의 활동을 의미한다. 미래의 의미를 갖는 to 부정사가 연결되어 to get back into it이 되면 '앞으로 그 일을 다시 시작하다'가 된다. 여기에 I may have가 연결되어 '앞으로 그 일을 다시 시작하는 경우를 갖게 될 수도 있다'가 직역, '앞으로 그 일을 다시 시작할 수도 있다'가 의역이다.

I think it might make a great television script.

340

"내 생각에는 그게 훌륭한 TV 스크립트가 될 수도 있어."의 의미이다. 조동사 might가 쓰였다. 역시 '가능성'의 의미이다. may보다는 가능성이 더 떨어진다. 자신의 글이 방송스크립트의 가능성을 갖고 있다고 말하는 것이므로 겸손한 분위기가 좋다. 그래서 might를 쓴 것이다. 동사 make는 '~을 만들다'가 아니라 '~이 되다'의 의미로 쓰이고 있다.

You're so active in television.

"당신 활발히 TV 활동하고 있잖아요."의 의미이다. active는 '활동적인', '적극적인' 등의 의미이며 so는 active를 강조한다. 따라서 so active는 '대단히 활동적인'이다.

I haven't been in television for a year.

"나는 1년 동안 TV 활동을 하지 않았다."의 의미이다. 부정문이기 때문에 for a year를 in a year로 쓰는 게 정확하지만 개인적인 버릇으로 for를 그대로 쓰는 경우도 흔하다. '활동을 하지 않았다'를 '활동'이라는 단어 없이 haven't been in ~ 즉, '그 안에 몸담고 있지 않았다'의 느낌으로 표현하고 있는 것에 각별히 주의해야 한다.

⑨

1986,
Drama/Comedy-drama,
IH 47M

완전범죄임을 확신한 에이브(Abe)는 새로운 삶을 시작한
다. 뭔가 위축된 삶 속에서 우울증에 시달리고 존재의 가
치에 대해 회의에 빠져 있던 삶에서 벗어나 활기를 찾기
시작했다. 하지만 그도 잠시, 판사의 죽음에 의문이 제기
되었고 자살이 아닌 타살일 가능성이 신문에 보도되었다.
아직 그 사실을 모르는 에이브는 동료 교수 리타(Rita)와
함께 학교 교정을 걷고 있다.

Rita: How is everything? I haven't seen you.
Abe: Everything's just been fallin' into place.
Rita: I **may** have some free time next week.

리타: 어때요? 별일 없이 잘 지내시는 거예요?
그동안 못 뵈었네요.
에이브: 모든 게 제자리를 찾아가고 있어요.
리타: 다음 주에 제가 시간이 좀 있을 것 같은데.

342

당사자는 늘 완전범죄를 확신하지만, 빈틈 또한 늘 존재한다. 사면이 갇힌 장소에서의 범죄도 진범이 밝혀지는 판에 닫힌 곳 없는 공원에서 일어나는 범죄라면, 그리고 그 범죄의 준비가 단순하지 않은 경우라면 더더욱 완전범죄의 가능성은 사라진다. 에이브 교수는 너무도 단순했던 거다. 완전범죄가 될 가능성이 전혀 없는 상황에서 범죄 행위 자체에 취하여 섣불리 범죄를 저지르고 말았다.

I may have some free time next week.

"아마 제가 다음 주에 시간이 좀 날 것 같은데요."의 의미이다. 확실하지는 않지만 그래도 어느 정도의 가능성을 갖고 다음 주에 시간이 날 수 있음을 말하고 있다. 조동사 may가 필요한 상황이다. 말을 할 때는 본인이 느끼는 가능성의 정도가 있다. 그것에 따라서 조동사가 적절하게 선정되려면 조동사들의 의미를 정확히 이해하고 있어야 한다. have free time은 '자유시간이 있다', '여유 있는 시간이 나다' 등의 의미이다.

How is everything? I haven't seen you.

"어떻게 지내세요? 그동안 통 못 만났네요."의 의미이다.

343

How is everything?을 직역하면 "모든 일이 다 어떤지요?" 이다. 결국 잘 지내고 있는지를 묻는 말이다. "그동안 못 봤다."는 말을 I haven't seen you.로 간단히 표현하고 있다. '그동안'의 의미이기에 현재 완료로 표현한다.

Everything's just been fallin' into place.

"모든 게 다 제자리를 잡아가고 있네요."의 의미이다. 현재 완료 진행을 쓰고 있다. 과거에 시작된 일이 지금 이 순간 까지도, 그리고 이 말이 끝난 이후에도 여전히 그렇게 진 행될 것 같다는 의미를 전한다. falling을 발음할 때 [잉]이 아니라 [인] 정도로 흔히 끝난다. 그래서 fallin'으로 표기 한 것이다. fall into place는 '자기 자리로 들어가다' 즉, '제 자리를 잡다'로 해석한다.

344

may: 허락과 부탁

어떤 행위를 해도 좋다는 허락을 할 때 사용한다. 같은 '허락'을 의미하는 조동사 can과 다른 점은 can은 어떤 권위를 가지고 그 권위 아래에 임의로 허락하는 느낌이지만 may는 개인의 특별한 권위가 아니라 이미 정해져 있는 규정에 의한 허락을 의미한다는 것이다.

가능성이 그다지 높지 않은 may를 이용해서 내가 뭔가를 해도 좋겠냐는 허락을 구하는 부탁을 하게 되면, 어차피 상대가 거절하기에도 부담이 안 되는 부탁이 되기 때문에 매우 예의를 갖춘 부탁으로 인정된다. 따라서 May I ~? 구문을 '예의를 갖춘 부탁'의 구문이라고 말한다.

③

크리스(Chris)는 드디어 클로이(Chloe)와 결혼하게 된다.
장인어른의 시험을 무사히 통과하고 놀라(Nola)와의 불
륜도 들키지 않은 상태에서 정말 무사히 거사를 치른다.
　성당에서 두 사람은 서로 부부가 되었음을 신부님의
선언으로 확인하게 된다.

Father: I now pronounce you man and wife.
You **may** kiss the bride.

신부님: 이제 두 사람은 부부가 되었음을 선언하노라.
　　　신랑은 신부에게 키스해도 좋습니다.

You may kiss the bride.

"신랑은 신부에게 키스해도 좋습니다."의 의미이다. 신부님
이 임의로 허락하는 것이 아니라 공식적인 순서에 의해서

346

키스를 허락하는 문장이다. 조동사 may가 필요한 상황이
다. bride는 '신부'이며 '신랑'은 bridegroom이다.

I now pronounce you man and wife.

"이제 두 사람은 부부가 되었음을 공식 선언하노라."의 의
미이다. 동사 pronounce는 '뭔가를 공식적으로 선언, 또는
선포한다'는 의미이다. man and wife는 '남자와 아내'가 아
니라 '부부'를 상징하는 말이다.

2005,
Drama/Crime,
2H 6M

버질(Virgil)은 강도짓 한번 하기가 이렇게 어려울 수가 없다. 은행을 털기 위해서 가짜 권총을 바지춤에 차고 은행 청구용지 뒷면에 "이 가방에 50,000달러를 넣어라(Put $50 thousand into this bag). 자연스럽게 행동하라(Act natural)."를 적은 뒤 창구 직원(teller)에게 내민다. 그런데 act를 abt로 잘못 써서 직원이 확인차 여러 번 묻게 되고 gun을 gub로 잘못 적는 통에 또 한 번 확인 소동이 일어난다. 정말 웃긴다. 결국 버질이 적은 문구를 이해한 창구 직원…

Teller: Oh, I see, this is a hold-up.

Virgil: Yes.

Teller: **May I** see your gun?

창구 직원: 아, 알겠습니다,

이거 지금 총기 강도 행위인 거군요.

버질: 그렇죠.

348

창구 직원: 권총을 좀 보여주시겠습니까?

이게 뭔 난리야. 권총을 보여달라고 정중히 청하는 창구 직원은 또 뭐야. 이런 코미디를 우디 앨런은 도대체 어떻게 생각해낸 거람? 미치겠다, 정말.

May I see your gun?

"권총을 좀 보여주시겠습니까?"의 의미이다. 직역하면 "제가 권총을 좀 봐도 될까요?"이다. May I ~? 구문을 이용해서 상대에게 정중히 허락을 구하고 있다. 부탁하는 것이다. 물론 영화상에서는 터무니없는, 말도 안 되는 부탁이지만.

⑧

I see, this is a hold-up.

"알겠습니다, 이거 지금 총기 강도 행위이군요."의 의미이다. 모르고 있던 사실을 알게 되었을 때 "아 그렇군요."의 의미로 I see.를 이용한다. hold-up은 '총기 강도', 또는 '총기 강도 행위'를 뜻한다.

1969,
Parody film/Crime,
1H 25M

May I confide in you?

‹Crimes and Misdemeanors›는 1989년에 발표된 실존주의적 코미디-드라마 영화이다. 대중적인 면에서는 실패작이었지만 평론가들로부터 찬사를 받았으며 세 개 부분에서 아카데미상 후보로 지명되었다. 이 영화는 우디 앨런 최고 작품 중 하나로 인정받고 있다.

주인공 주다 로젠탈(Judah Rosenthal)은 성공한 안과의사이다. 그는 매우 가정적인 남성이다. 그러나 스튜어디스와 사랑에 빠진다. 그녀는 주다가 가정을 깰 기색을 보이지 않자 주다의 아내에게 관계를 폭로하겠노라고 으름장을 놓는다. 주다는 자신의 환자 중 유대교 지도자 랍비인 벤(Ben)에게 자신의 골치 아픈 상황을 털어놓으려 한다.

Judah: We're different on many points, but you're somebody I do respect. **May I** confide in you?
Ben: Of course. Go ahead. Everything's confidential.

1989,
Drama/Crime,
1H 47M

주다: 우리가 여러 가지 면에서 서로 의견이 다르긴
하지만 당신은 내가 존경하는 사람이에요.
내가 뭐 좀 털어놔도 될까요?
벤: 물론이죠. 말씀하세요. 무슨 말씀이든지 비밀을
지켜드리겠습니다.

책임지지 못할 행위를 한 이후에 그 책임을 회피하는 짓은 어디에서나 볼 수 있는 현상이다. 늘 남 탓을 한다. 자기가 저지른 잘못을 남의 허물로 덮으려는 생각과 의도가 왜 그리 한결같은지 모르겠다. 주다는 스스로 선택한 불륜, 아내에 대한 배신, 불륜 상대에 대한 무례함, 이것들을 한꺼번에 떠안고 그것들을 피하려 한다. 골치 아픈 상황으로 돌리려 한다. 나쁘다. 그건 인간의 나쁜 심성이다.

May I confide in you?

"제가 속마음을 좀 털어놔도 되겠습니까?"의 의미이다. 자신에게는 몹시 어렵고 힘든 문제인데 그것을 상대에게 털어놓는다는 것이 과연 옳은 일일까 조심스럽다. 그래서 정중히 묻는다. May I ~? 구문이 필요한 상황이다. confide in ~은 '~에게 솔직한 마음을 털어놓다', '~에게 비밀을 털어놓다' 등으로 이해한다.

⑬   352

We're different on many points,
but you're somebody I do respect.

"우리는 많은 면에서 서로 의견이 다르지만 당신은 내가
정말 존경하는 사람이다."의 의미이다. on many points는
'많은 면에서', '많은 관점에서', '많은 문제에 있어서' 등의
뜻이다. 따라서 be different on many points라고 하면 '많
은 면에서 서로 생각과 의견이 다르다'로 이해한다. 일반동
사인 respect 앞에 do를 사용한 것은 respect의 의미를 강
조하기 위해서이다.

Go ahead. Everything's confidential.

"어서 말씀해보세요. 모든 건 다 비밀로 지켜드리겠습니
다."의 의미이다. 상대방이 무슨 말을 하고자 할 때 Go
ahead.를 쓰면 "하고자 하는 말을 망설이지 말고 어서 해
보라."라는 의미가 된다. confidential은 '비밀의'를 뜻하므
로 Everything's confidential.은 "모든 것은 비밀이다." 즉,
"모든 것은 비밀로 해드리겠습니다."로 해석하게 된다.

353

⑬

1989,
Drama/Crime,
1H 47M

might: may의 과거형

단순히 may의 과거형으로 쓰일 때가 있다. 정황상 과거 이야기를 할 때임은 물론이고 시제의 일치를 위해서 과거형을 써야 할 필요가 있을 때이다. 한 문장을 주도하는 동사의 시제가 과거라면 그 동시에 연결된 문장의 시제 또한 그에 맞추어서 진행되어야 한다. 이럴 때 may가 과거형인 might로 바뀐다. 이것이 형식상 시제의 일치에 해당한다.

단순 과거형으로서의 might는 원래 may가 가지고 있는 의미 그대로를 포함한다. 단지 과거의 이야기로 바뀐 것뿐이다.

다큐멘터리 영화제작자인 클리포드 스턴(Clifford Stern) 은 유명한 철학자인 루이즈 레비(Louis Levy) 교수의 다큐 멘터리를 제작하는 도중에 그의 자살 소식을 접하고 충격 을 받는다. 클리포드가 마음에 두고 있던 TV 프로듀서인 핼리 리드(Halley Reed)는 충격 받았을 클리포드를 위로 하기 위해서 그를 찾아온다.

Clifford: This was such a blow.
Halley: I understand. I just thought you **might** want
some company.

클리포드: 이 일은 제겐 정말 충격이었어요.
핼리: 이해해요. 전 그저 당신이 지금 옆에 누가 있으면
좋겠다고 생각할까 싶어서 온 거예요.

이 말이 끝나자마자 클리포드는 핼리에게 자연스럽게 키

⑬

스한다. 이러지 말라고는 하지만(Don't do that.) 핼리도 그
다지 싫지는 않은 듯.

I just thought you might want some company.

"당신이 옆에 말동무를 원할지 모른다는 생각이 들었어
요."의 의미이다. 과거 시제인 thought의 영향으로 may가
might로 바뀐 경우이다. '가능성'과 '추측'의 의미로 쓰인
may의 과거형이다. company는 '옆에서 같이 시간을 보내
는 사람', '말동무' 등의 뜻을 갖는다. 따라서 I want some
company.라고 하면 "누가 옆에서 말동무라도 좀 해주면
좋겠네요."로 이해한다.

This was such a blow.

"이건 굉장한 충격이었다."의 의미이다. 명사 blow는 물리
적으로 '때림', '타격' 등의 의미뿐 아니라 정신적인 '타격',
'충격' 등의 의미로도 흔히 쓰인다. 명사를 강조하기 위해
서는 such가 활용된다. 따라서 such a blow는 '굉장한 타격',
'굉장한 충격' 등으로 해석한다.

Crimes and Misdemeanors

That's why they
think it might be
a sick prank
or intended for
someone else.

Irrational Man

판사를 살해한 이후 에이브(Abe)의 활동 범위는 넓어진다. 질(Jill)과의 만남에 매우 적극적이다. 질은 남자친구 로이 (Roy)를 만나서 대화를 통해 관계를 정리한다. 그 이후 자 연스레 질은 에이브를 집으로 초대해서 부모와 함께 식사 한다. 식사가 끝나고 판사의 죽음에 관한 이야기가 나온다.

질이 판사 주변에 그를 아는 모든 사람들이 조사를 받 고 풀려났다는 말을 하자 질의 엄마는 이렇게 답한다.

Mom: That's why they think it **might** be a sick prank
or intended for someone else.

엄마: 그래서 그게 병적인 장난질이었거나
판사가 아닌 다른 사람이 목표 대상이었을 거라고
그들은 생각하는 거야.

이런 대화를 눈 하나 깜짝하지 않고 에이브는 듣고 있다.

그냥 듣는 정도가 아니라 적극적으로 대화에 참여한다. 대낮에(in broad daylight) 공공장소(public place)에서 생면부지의 사람에게(with a total stranger) 그러기는 쉽지 않다고(not an easy thing to do).

That's why they think it might be a sick prank or intended for someone else.

"그래서 그들은 그것이 병적인 장난질이었거나 다른 사람이 목표 대상이었을 거라고 생각하는 거야."의 의미이다. 조동사 might는 '가능성'을 의미하는 may의 과거형으로 쓰이고 있다. 한 문장에 현재와 과거가 동시에 등장할 때 정확한 이해와 해석이 필요하다. That's why ~는 '그래서 ~인 것이다'로 이해한다. a sick prank는 '병적인 장난질'이다. Intended for someone else는 it might be intended for someone else에서 it might be가 생략된 것이다. be intended for ~는 '~을 위해 의도되다', '~을 대상으로 계획되다' 등의 뜻이다.

359

Elliot said he
might have
a couple of clients
for you.

I'm sure all those morons he handles have a deep feeling for art.

361

1986,
Drama/Comedy-drama,
1H 47M

추수감사절 파티가 끝나고 집으로 돌아오는 길. 리(Lee)는 형부 엘리엇(Elliot)이 자신에게 하는 행동이나 태도가 심상치 않음을 느낀다. 그저 내 상상일까(imagination)? 형부가 나를 짝사랑하는 건가(has a little crush on me)? 오늘 계속 나한테 많은 관심을 보였는데(paid a lot of attention). 오늘은 단둘이 있는 자리에서 얼굴까지 붉어졌어(blushed). 뭘까.

집으로 돌아온 리는 동거 중인 프레드릭(Frederick)과 대화한다.

Lee: Elliot said he **might** have a couple of clients for you.

Frederick: I'm sure all those morons he handles have a deep feeling for art.

리: 형부 말씀이 당신을 위해서 두세 명 정도의

고객이 있을 수 있다는데요.
프레드릭: 당신 형부가 상대하는 멍청한 인간들이
미술품에 대해 깊은 감수성을 갖고 있군 그래.

나이가 들면 융통성이 더 생겨야 하는데 반대로 융통성
은 사라지고 더욱더 고지식해진다면. 예술에 집착하다 보
니 성격이 더욱더 괴팍해진다면. 생각하기도 싫다.

Elliot said he might have a couple of clients for you.

"엘리엇이 그러던데 당신을 위해서 두세 명 정도의 고객
이 있을 수 있대요."의 의미이다. 문장을 주도하는 동사
said가 과거 시제이므로 may가 might로 바뀌었다. 시제의
일치이다. 하지만 의미는 과거형 might가 아닌 may로 해석
해야 한다. '~일 수 있다'는 가능성의 의미이다. a couple of
는 '두셋' 정도의 숫자를 말한다.

⑨

I'm sure all those morons he handles have
a deep feeling for art.

"확신하건대 그가 상대하는 멍청이들이 미술 작품에는 깊
은 감수성을 가졌군 그래."의 의미이다. 빈정대는 투의 말

363

1986,
Drama/Comedy-drama,
1H 47M

이다. moron은 '바보', '멍청이' 등의 뜻이며 handle은 '~을 대하다', '~을 상대하다' 등의 의미이다. a deep feeling은 '깊은 감정', '깊은 감수성' 등으로 이해하고 a deep feeling for art는 '미술품에 대한 깊은 감수성'으로 해석한다.

⑨

might: 약한 가능성

과거의 의미가 아닌 미래의 의미로 might가 쓰일 때는 '가능성'을 말한다. 하지만 그 가능성이 현실로 드러날 가능성은 매우 낮다. 현실화할 가능성의 면에서 조동사 중 가장 낮은 위치에 있는 것이 might이다.

두 번 이혼한 경력이 있는 마흔두 살의 아이작(Isaac). 그의 가장 친한 친구인 대학교수 예일 폴락(Yale Pollack). 예일은 메리 윌키(Mary Wilkie)와 바람을 피운다. 아이작은 메리의 문화적 속물근성(cultural snobbery)이 마음에 들지 않는다. 아이작과 메리는 모금 운동 행사(fund-raising event)에서 우연히 다시 만나 그녀가 택시를 타고 집으로 가는 자리에 동승하게 된다. 둘은 새벽 동틀녘까지(until sunrise) 대화를 나눈다. 대화를 해보니 메리에게 점점 호감이 생기지만 아이작은 데이트를 제안하는 메리를 거절한다.

⑩

Mary: So what about sometime next week?
I **might** give you a call, if you have any free time.
Isaac: I'm not gonna have any free time 'cause
I don't think it's such a great idea.

366

Manhatta

메리: 그러면 다음 주에는 어때요?

제가 전화 드리죠. 시간이 있으시면요.

아이작: 제가 시간이 없을 겁니다. 왜냐하면, 그게 좋은

생각이 아니라는 생각이 들어서 말이죠.

상대에 대한 부정적인 생각이 밤새 나눈 대화로 완전히 풀어질 리 없다. 조심스럽다. 게다가 아이작은 지금 열일곱 고등학생인 트레이시(Tracy)와 데이트 중이다. 섣불리 다른 여성의 제안을 받아들일 수 없다. 물론 트레이시와는 관계를 정리할 생각이지만.

I might give you a call, if you have any free time.

"제가 전화를 드릴 수도 있겠어요. 시간이 있으시다면요." 의 의미이다. 대놓고 들이대면서 하는 말이 아니다. 조심스럽게, 혹시 제가 전화를 드릴 수도 있을 것 같은데요... 정도의 느낌으로 might를 사용하고 있다. 자신의 기분과 상태에 맞추어서 말을 제대로 전달하려면 어휘와 문법의 선택이 정확해야 한다. 그러려면 어휘와 문법의 학습이 정확히 이루어져야 한다. give you a call은 '당신에게 전화하다'이며 have free time은 '여유시간이 나다'로 이해한다.

⑩

1979,
Drama/Comedy-drama,
1H 36M

What about sometime next week?

"다음 주중에는 어떨까요?"의 의미이다. What do you think about ~?을 줄여서 What about ~?라고 한다. 상대에게 뭔가를 제안할 때 사용하는 구문이다. sometime next week는 '다음 주중 어느 때든' 정도의 의미이다.

I'm not gonna have any free time 'cause
I don't think it's such a great idea.

"시간 없을 겁니다. 왜냐하면 이건 썩 좋은 생각이 아닌 것 같아서요."의 의미이다. 당신과 내가 데이트를 하는 건 옳지 않다고 본다는 뜻이다. 당신은 내 친구의 정부이고 내게는 애인이 있으며 나는 또한 심정적으로 당신이 마음에 들지 않기 때문이다. 그래서 나온 말이 I don't think it's such a great idea.이다. be going to[be gonna]는 매우 확실하고 단정적인 미래를 말할 때 사용한다.

⑩

368

INEZ

You might learn something.

Midnight in Paris

과거와 현재를 시간 이동하는 축복(?)을 선물 받은 길
(Gil). 과거로 돌아가서 헤밍웨이를 만났고 피카소를
만났다. 그리고 피카소의 정부 중 한 명인 아드리아나
(Adriana)와도 시간을 보내며 많은 이야기를 나누었다.

현실로 돌아온 길은 약혼녀인 이네즈(Inez), 그리고 그
녀의 부모와 함께 프랑스 파리에서 휴가를 보내고 있다.
그곳에서 우연히 이네즈의 친구인 폴(Paul), 그리고 그의
아내 캐롤(Carol)을 만난다. 캐롤은 모네(Monet) 전문가
이기도 하다. 그들은 어느 날 길과 이네즈를 갤러리로 초
대해 그림에 대해 설명을 한다. 그러다 용케도 피카소의
그림 앞에 서게 된다. 그런데 그 그림은 길이 과거로 돌아
가 피카소를 만나며 그의 앞에서 보았던 그림이다. 그리고
그 그림에 관한 이야기를 이미 생생하게 들은 상태였다.
그 그림의 주인공은 길과 많은 대화를 나누었던 아드리아
나였다. 그런 길 앞에서 폴은 멋모르고 그 그림에 대한 엉
뚱한 해석을 늘어놓는다. 참지 못하고 폴의 해설 중에 끼

370

어들려는 길에게 이네즈는 핀잔을 준다.

Gil: Paul, I'm gonna have to differ with you on this one.
Inez: Gil, just pay attention. You **might** learn something.

길: 폴, 이 그림에서는 당신과 의견이 다를 것 같습니다.
이네즈: 길, 집중해서 들어. 뭔가 배울 수도 있는 자린데.

You might learn something.

"당신이 뭔가를 배울 수도 있을 텐데."의 의미이다. 확실히
는 모르겠지만, 실제로 그렇게 될지는 모르겠지만 이 시간
을 통해서 뭔가를 배울 수도 있지 않을까… 라는 생각에
might를 사용하고 있다. 약한 가능성만으로 실망을 피하
고 싶다는 생각이 담겨 있다.

I'm gonna have to differ with you on this one.

"당신과 이 부분에서 생각이 다를 것 같습니다."의 의미이
다. 이 문장을 정확히 직역해보면 '난 분명히 그럴듯하다
(I'm gonna), 지금부터(to), 당신과 다른 의견을(differ with
you), 갖게(have) 될 듯하다, 이 그림에 대해서(on this one)'

371

가 된다. to 부정사는 '미래'의 의미를 갖는다. 폴이 이 그림에 대해서 운을 떼는 것을 들어보니 계속 들어보나 마나 내가 알고 있는 것과는 영 다르게 설명할 것이 뻔하므로 나는 더 이상 들어볼 필요도 없이 당신과 의견이 다를 것이다... 라고 선언하는 문장이다.

Just pay attention.

"그냥 집중해서 들어."의 의미이다. 여자가 남자를 몹시 무시하고 있다는 느낌이 드는 문장이다. "그냥 닥치고 들어." 의 느낌이 풍긴다. attention은 '주목'이며 pay attention은 '주목하다', '주목해서 듣다' 등으로 이해된다.

⑥

Midnight in Par

And from the hope that future generations might understand more.

Crimes and Misdemeanors

영화가 마무리되면서 내레이션이 흐른다.

우리 인간은 인생을 살면서(throughout our lives) 누구나 도덕적인 선택(moral choices)에 수반되는 많은 고통스러운 결정들(agonizing decisions)에 직면한다(are faced). 그런 결정을 가지고 우리는 우리 자신을 정의한다(define ourselves). 인간의 행복은 창조의 구상안(in the design of creation)에 포함되어 있지 않은 듯하다. 그렇게 우주는 무관심하게(indifferent universe) 돌아가지만, 우리 인간들은 그 우주에 인간이 소유한 '사랑의 능력(capacity to love)'으로 의미를 부여한다.

Most human beings seem to have the ability to keep
trying, and even to find joy, from simple things,
like their family, their work, and from the hope that future
generations **might** understand more.

Crimes and Misdemeano

인간들 대부분은 지치지 않고 계속 노력하는 능력을 갖춘 듯하다. 그리고 심지어는 아주 간단한 것들에서 기쁨을 찾는 능력이 있는 듯하다. 가족과 일 같은. 그리고 미래의 세대들은 지금보다 더 많은 것들을 이해할 수 있을 거라는 희망으로부터 즐거움을 찾는 능력이 있는 것 같다.

그렇지. 인간에게는 사랑이 있다. 사랑이 무기다. 사랑이 있기에 힘든 삶을 이겨낼 수 있고 희망을 놓지 않는다. 사랑이 곧 삶의 의미이기 때문에 사랑을 놓을 수 없다.

Future generations might understand more.

"미래 세대들은 더 많은 것을 이해할 수 있다."는 의미이다. 너무 강하게 가능성을 말하면 부정 탈 수 있다. 그래서 원어민들은 대놓고 좋은 말을 하지 않고 혹시 그랬다면 Knock on wood.라고 말하거나 실제로 손가락으로 책상을 두드린다. 부정 타지 말라는 미신에서 나온 말이고 버릇이다. 우리 미래 세대들은 지금 우리보다 더 많은 것을 알고 개발하고 세상을 발전시킬 것임이 분명하다. 그것을 그저 작은 소망인 것처럼 '~일 수도 있지 않을까... '라는 느낌의 조동사 might를 이용해서 겸손하게 표현하고 있다.

375

⑬

1989,
Drama/Crime,
1H 47M

Most human beings seem to have the ability
to keep trying, and even to find joy.

"대부분의 인간은 지치지 않고 계속 노력하는 능력을 갖춘 것 같다. 그리고 심지어는 즐거움을 찾는 능력까지."의 의미이다. 우주는 무관심하게 돌아가지만, 그 안에서 인간은 의미를 찾아낸다는 거다. 그런데 그 의미는 바로 인간의 사랑에서 비롯된다는 말을 하고 있다. human being은 '인간'을 뜻한다.

from simple things, like their family, their work,
and from the hope that ~

"단순한 것으로부터, 가족, 일 같은. 그리고 ~의 희망으로부터"의 의미이다. '예'을 들 때 전치사 like를 흔히 사용한다. '~처럼'의 뜻이다.

Crimes and Misdemeanor

377

⑬

1989,
Drama/Crime,
1H 47M

'늙을수록'의 우디

선생님과 우디 앨런의 작품 제작연도와 우디의 나이에 대한 산수를 하던 중, 매우 놀랐던 적이 있습니다. '설마, 그럼 그 영화도 70대에 찍은 거라고?', '아니, 그럼 그게 82세에 찍은 거라고요?' … 게다 애니 홀과 블루 재스민은 제작연도가 40여년가량 차이가 나는데도 불구하고 대사의 농도와 감각에서는 별반 차이가 없다는 것에 다시 한번 놀랐었죠.

우디 앨런(Woody Allen)과 조동사 would를 결합해보면 어떨까 하는 생각은 어느 겨울 epiphany처럼 솟아오른 것이었는데, 방대한 조동사의 한정성이나 어감, 쓰임에 대해 우디 앨런 특유의 대화적 맥락, 공기, 분위기와 결합할 수 있다면 지루함에서는 최소 멀어질 수 있겠다는 생각이 들었습니다.

특히나 우디 앨런 대사는 영어적으로도 탐나는 대사가 많아서 저 대사들을 익히 알기만 해도 내가 소유하는 영어 문장의 토대가 한층 더 탄탄해지겠다는 감상 아닌 감

378

상은 우디 앨런의 화면을 볼 때마다, 그 특유의 유머러스하면서도 투박한 대사가 들릴 때마다 들었던 바람이었죠.

해석을 넘어 번역으로, 직역을 넘어 의역으로, 간당간당한 해석으로 겨우 뜻만 더듬던 영어에서 오 선생님의 감각적인 해설이 더해진 번역을 통해 의역의 폭과 범주를 확인하고, 우리가 대하는 영문은 일차적인 인풋에서도 얼마나 더 재미있어질 수 있는지 그 느낌과 즐거움이 충분히 전달될 수 있으면 좋겠습니다.

영어 공부를 지속하려면, 아니 영어 문장을 계속 읽고 싶어지려면, 감흥까지 놓치지 않고 전달받을 수 있어야 합니다. 계속 공부하고 싶어지는 좋은 영어 문장에 대한 온전한 전달로 지루함 없는 영어에 도달할 수 있기를, 또한 감각이 전혀 녹슬지 우디 앨런처럼 OKer series와 함께 여러분의 영어가 언제나 재기 넘치는 현재 진행이 되기를 응원합니다.

편집자 김효정

YOU'RE A WINNER!
여기까지 오느라 정말 고생 많으셨습니다.
끝까지 온 여러분은 진정한 승리자입니다!
끝까지 했다는 희열은 해본 사람만이 느낄 수 있지요.
앞으로도 여러분의 영어 학습이 승승장구하기를 기원합니다.